디파이 투자
지금은 공부가 필요합니다

돈또끼 지음

디파이 투자
지금은 공부가 필요합니다

T.W.I.G
티더블유아이지

안녕하세요!

디파이(Defi)를 공부하는 유튜브 채널을 운영 중인 돈또기입니다.

디파이란 단어, 한 번쯤 들어보셨을 거예요. 디파이는 탈 중앙화 금융(Decentralized Finance)을 말합니다. 중앙화로 대변되는 기존 금융 시스템에 은행, 증권, 보험, 암호화폐 거래소 등의 금융 서비스가 존재하는 것처럼, 탈 중앙화 금융인 디파이 세계에도 다양한 금융 서비스가 존재합니다. 다만, 별도의 운영 주체 없이 커뮤니티 혹은 프로그래밍된 코드에 의해 서비스가 구현된다는 점에서 차이가 있습니다. 탈 중앙화 금융이 기존 금융 시스템을 혁신할 것이란 기대감에 지난 몇 년간 큰 주목을 받았습니다.

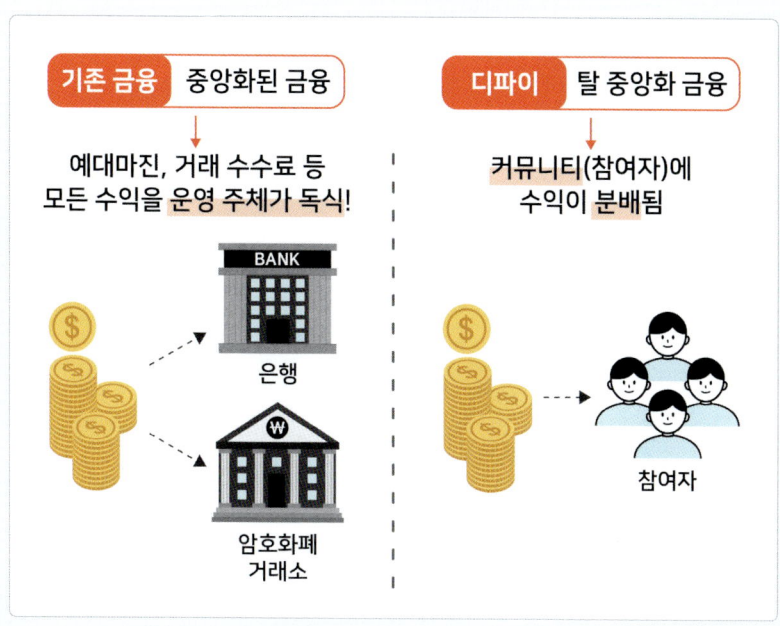

그러나 금융의 탈 중앙화란 멋진 명분과 달리 현실에서의 디파이는 기회와 위험이 공존하는 양날의 검과 같습니다. 일부 영역에서는 혁신을 이끌어냈지만, 탈 중앙화를 악용한 사기와 해킹 문제가 빈번히 발생하고 높은 수익을 추구하며 무리하게 투자해 손해를 본 사례도 있습니다.

이런 이유로 디파이를 다룬 책을 쓰기까지 고민이 참 많았습니다. 그럼에도 불구하고 이 책을 출간한 이유는 두 가지입니다.

첫째, 새로운 기회를 발견할 수 있습니다. 현금인출기(ATM)에 적응하지 못하는 사람은 스마트 뱅킹에도 적응하지 못할 가능성이 큽니다. 마찬가지로 새로운 금융 시스템인 디파이를 이해하지 못하면 앞으로 펼쳐질 금융혁신을 따라가기 어렵습니다. 탈 중앙화는 시대의 흐름입니다. 중앙화된 금융에만 머물러 있으면 큰 기회를 놓칠 수 있습니다. 탈 중앙화 금융을 이해하는 데 디파이가 훌륭한 길잡이 역할을 해줄 것입니다.

둘째, 디파이는 혼자 공부하는 것이 쉽지 않습니다. 낯선 용어가 많고, 해외 사이트를 기반으로 하기에 언어 장벽이 존재합니다. 누구나 쉽게 디파이 세계를 경험할 수 있도록 도와주는 친절한 안내서가 한 권쯤은 있어야 한다고 생각했습니다.

[디파이 투자, 지금은 공부가 필요합니다]는 디파이의 개념을 미리 공부하고, 디파이 세계에서 직접 거래를 해 봄으로써 낯설게 느껴지던 디파이와 좀 더 친숙해지는데 초점을 맞춘 책입니다. 오랜 기간 준비한 이 책이 디파이 세계에 첫 발을 내딛는 여러분에게 든든한 디딤돌이 되기를 바랍니다.

정보 검증에 대한 투자자의 책임 DYOR

지금 이 순간에도 디파이는 빠른 속도로 발전하고 있습니다. 매체가 정보를 전달하는 속도보다 디파이의 변화 속도가 더 빠를 정도이죠. 따라서 내가 접한 디파이 정보가 최신 내용인지, 혹시 잘못된 정보가 있는 건 아닌지를 항상 스스로 검증하는 태도를 가져야 합니다. 이처럼 정보에 대한 검증을 스스로 하는 것을 DYOR(Do Your Own Research)이라고 합니다.

'굳이 이렇게까지 해야 하나?' 라고 생각하실 수도 있습니다. 그러나 탈 중앙화 금융인 디파이는 제도권의 검열로부터 자유로운 대신, 제도권의 보호를 기대하기 어렵습니다. 혁신, 성공, 사기, 실패가 공존하는 황야의 무법 지대와 같습니다. 스스로 엄격하게 정보를 검증하지 않으면 자칫 큰 위험에 빠질 수 있습니다. 시작부터 너무 겁을 준 것 같아 마음이 무겁지만 그만큼 DYOR은 중요합니다. 이 책 역시 DYOR의 태도로 읽어 주실 것을 부탁드립니다.

목차

프롤로그 · 4

PART 1 탈 중앙화 금융, 디파이 개념 이해하기

1. 가상화폐와 암호화폐 그리고 블록체인 · 15
  - 가상화폐 · 15
  - 데이터 분산처리와 해시 함수 · 16
  - 블록체인의 위변조가 불가능한 이유 · 19

2. 비트코인과 이더리움 이해하기 · 22
  - 중앙화된 금융의 문제점 · 22
  - 비트코인 네트워크 시스템 · 23
  - 이더리움 네트워크 시스템 · 28

3. 디파이와 다양한 네트워크 · 31
  - 탈 중앙화 금융 서비스, 디파이 · 31
  - 다양한 네트워크 · 32

암호화폐 지갑 만들기 & 거래 내역 확인하기 — PART 2

1. 업비트의 자산을 메타마스크로 보내기　39
　메타마스크란?　39
　메타마스크 지갑 만들기　41
　업비트 가입하기　48
　업비트에 원화 입금하기　57
　업비트에 메타마스크 지갑 주소 등록하기　59
　이더리움(ETH) 매수하고, 메타마스크 지갑으로 이체하기　62

2. 메타마스크의 자산을 업비트로 보내기　70

3. 이더스캔 화면 이해하기　75
　이더스캔이란?　75
　이더스캔 화면 보는 법　76

탈 중앙화 거래소 – 덱스 — PART 3

1. 덱스의 특징　85
2. 유니스왑 살펴보기　87
　유니스왑의 구조　88
　유니스왑의 단점　91

3. 유니스왑에서 토큰 교환하기 · 94
- 유니스왑에 메타마스크 지갑 연결하기 · 94
- 토큰 교환하기 · 97

4. 유동성 공급하고 수수료 수익 얻기 · 101
- 유니스왑만의 특징 · 101
- 유동성 공급하기 · 102
- 미청구 수수료 징수하기 · 114
- 유동성 공급 늘리기 · 115
- 유동성 제거하기 · 117

5. 실전투자로 더 깊게 이해하기 · 119
- 실전 투자 분석 · 119
- 비영구적 손실 · 131

PART 4 탈 중앙화 은행 – 머니 마켓

1. 머니 마켓이 필요한 이유 · 139
2. 아베에 담보 예치하고, 대출받기 · 141
- 메타마스크 지갑 연결하고, 서비스 구조 살펴보기 · 141
- 아베에 토큰 예치하기 · 144
- 예치한 토큰을 담보로 대출받기 · 149
- 추가 기능 활용하기 · 152

이자수익 최적화 – 일드 옵티마이저 PART 5

1. 일드 옵티마이저란? 163
2. 커브 파이낸스에서 LP 토큰 받기 166
   메타마스크 지갑 연결하기 166
   유동성 공급하기 168
3. 컨벡스 파이낸스에서 이자수익 최적화하기 174
   메타마스크 지갑 연결하기 174
   이자수익 최적화하기 176

다양한 네트워크의 디앱 활용하기 PART 6

1. 네트워크들의 차이점과 유사점 188
2. 네트워크 변경하기 190
3. 네트워크 간 자산 옮기기 194
   브릿지 서비스 이용하기 194
   해외 거래소 이용하기 202

부록・상황별 투자 전략 총정리 226
에필로그 229

탈 중앙화 금융, 디파이 개념 이해하기

PART 1

1. 가상화폐와 암호화폐 그리고 블록체인
2. 비트코인과 이더리움 이해하기
3. 디파이와 다양한 네트워크

가상화폐와 암호화폐
그리고 블록체인

가상화폐(Virtual currency)와 암호화폐(Cryptocurrency)를 같은 의미로 사용하는 경우가 많습니다. 하지만 엄밀히 따지면 이 둘은 서로 다른 개념입니다. 이번 장에서는 두 개념의 차이와 디파이의 기술 기반인 블록체인에 대해 자세히 알아보겠습니다.

가상화폐

2000년대 인기 있던 싸이월드를 기억하시나요? 싸이월드는 페이스북과 비슷한 SNS(social Networking Service)입니다. 가상의 공간에서 나만의 미니홈피를 만들고, 이를 바탕으로 이웃과 일촌(팔로워)을 맺어 소통할 수 있죠. 미니홈피를 예쁘게 꾸미기 위해서는 사이버 머니 도토리가 필요했습니다. 저도 과거에 도토리를 구매해 여러 아이템으로 열심히 미니홈피를 꾸몄던 기억이 나네요. 싸이월드의 도토리처럼 정부에 의해 통제받지 않으면서 특정 커뮤니티에서만 통용되는 결제 수단을 가상화폐라고 합니다.

가상화폐를 운영하는 회사는 메인 서버에서 가상화폐의 데이터를 관리합니다. 그렇기에 누군가가 메인 서버를 해킹하면 데이터가 조작될 수 있습니다. 꼭 해킹이 아니더라도 관리자가 나쁜 마음을 먹으면 데이터 조작을 막을 방법이 없죠. 가상화폐처럼 특정한 주체가 관리하는(=중앙화 되어 있는) 화폐는 데이터 위변조에 취약할 수밖에 없습니다. 실제로 싸이월드의 도토리 역시 여러 피해 사례가 발생한 바 있습니다.

2022년, 가상화폐였던 도토리가 블록체인 기술에 의해 암호화폐로 새롭게 발행되었다는 기사가 나왔습니다. 과연 도토리는 어떻게 달라진 걸까요?

데이터 분산처리와 해시 함수

결론부터 말씀드리면, 가상화폐에서 암호화폐로 변신한 도토리는 위변조가 불가능합니다. 암호화폐에는 블록체인 기술이 적용되어 있기 때문입니다. 블록체인 기술이란 무엇일까요?

블록체인은 데이터를 저장하는 방법 중 하나입니다. 여기서 블록(Block)은 데이터를 저장하는 단위인데, 쉽게 말해 데이터를 담는 바구니라고 이해하면 쉽습니다. 이 바구니들을 차례로 연결해(=체인) 데이터를 저장하는 기술이 바로 블록체인입니다. 블록체인에 적용된 기술은 크게 두 가지입니다.

첫 번째는 데이터 분산처리(Distributed Data Processing, DDP)입니다. 분산처리는 한 사람의 컴퓨터가 아닌 여러 명의 컴퓨터가 그물망처럼 연결된 네트워크 안에서 데이터를 관리하는 것입니다. 이때 네트워크에 참여하는 개별 컴퓨터들을 노드(Node)라고 부릅니다. 블록체인은 특정 메인 서버에서 데이터를 독점 관리하지 않고 모든 노드가 동일한 내용의 블록 데이터를 복사하여 저장하는 분산처리 기술을 사용합니다. 가상화폐 도토리는 싸이월드의 메인 서버를 해킹해 도토리 장부를 조작할 수 있지만, 블록체인 기술이 적용된 암호화폐 도토리는 수많은 노드들을 동시에 해킹해야 하기 때문에 데이터 위변조가 어렵습니다.

두 번째는 암호화 기술입니다. 블록체인은 원본 그대로가 아닌, 숫자와 알파벳으로 구성된 일종의 암호인 해시값으로 데이터를 기록합니다. 이때 해시값은 해시 함수를 통해 도출하는데, 함수라고 해서 어렵게 생각할 필요가 없습니다. 음료 자판기에서 콜라 버튼을 누르면 콜라가 나오는 것처럼 입력 값에 대응하는 출력값을 정해 놓은 약속이 바로 함수입니다. 해시 함수는 입력 값을 넣으면 고정된 길이로 암호를 출력해 주는 함수라고 이해하면 됩니다. 아래 예시를 보면서 해시 함수의 몇 가지 특징을 이해해 봅시다.

'도토리 10개가 돈또기에게 발행되었다'라는 값을 해시 함수에 입력하면 다음과 같은 해시 값이 출력됩니다

도토리 10개가 돈또기에게 발행되었다
= 574d261619f94866a34b10eaa93d1b6ae54d3524a0553b68bca824cdabf1cfac

해시 함수에 넣은 입력 값이 같다면 여러 번 시도해도 항상 동일한 값이 출력됩니다. 이를 통해 우리는 원본이 아닌 해시 값으로 저장하더라도 데이터가 변하지 않음을 알 수 있습니다. 이번에는 10개를 20개로 바꿔서 해시 함수에 넣어보겠습니다.

도토리 20개가 돈또기에게 발행되었다
= efd8717b21418c378a20572e4e2e3f1471ba3ac64d92cfd5126516e0fcd10da6

10개에서 20개로 단 한 글자만 바뀌었는데 예측할 수 없는 전혀 다른 해시 값이 도출되었습니다. 블록의 데이터를 단 한 글자라도 조작한다면 전혀 다른 해시 값이 저장되므로 데이터에 변경사항이 생긴 경우 더 쉽게 알아차릴 수 있습니다. 이번에는 더 긴 문장을 해시 함수에 입력해 보겠습니다.

도토리 1,000개가 돈또기에게 발행되었다. 이중 900개를 길동이에게 선물

했지만 길동이는 400개만 받고, 500개를 다시 돌려주었다

= 7178bb71d0e09cbbcfdc23709f8e83227922626c8763e13962d09ca94b9d8fd2

보시는 것처럼 원본 데이터의 길이에 관계없이 해시 값의 길이는 항상 일정하게 유지됩니다. 따라서 데이터를 해시 값 형태로 저장하면 방대한 양을 효율적으로 관리할 수 있습니다.

이제, 해시 함수의 중요한 특징인 단방향성(One-wayness)을 설명하겠습니다. 맥도날드에서 파는 해시브라운을 아시나요? 해시브라운은 감자를 잘게 잘라 튀긴 요리입니다. 여기서 해시(Hash)는 '잘게 자른다'는 의미를 가지고 있습니다. 만약 여러분에게 감자를 잘게 잘라서 해시브라운을 만들라고 하면 할 수 있겠지만 이미 만들어진 해시브라운을 다시 감자의 모습으로 돌려놓으려고 하면 이건 좀 어렵겠죠. 마찬가지로 해시 함수도 입력 값을 해시 값으로 만드는 것은 쉽지만, 해시 값을 입력 값으로 되돌리는 것은 어렵습니다. 단방향성을 갖는 해시 함수가 암호화 기술에 사용되는 이유입니다.

블록체인의 위변조가 불가능한 이유

블록체인에서 블록이 서로 연결되는 과정은 버스 정류장에서 버스가 사람을 태우고 가는 것과 비슷합니다. 비유를 들어 보겠습니다.

버스의 배차 간격은 10분입니다. 첫 번째 버스가 오고, 기다리던 승객들이 다 같이 탑승합니다. 승객을 태운 버스는 다시 출발합니다. 두 번째 버스는 10분 뒤에 옵니다. 두 번째 버스가 올 때까지 사람들은 정류장에서 기다립니다. 두 번째 버스가 오면 기다리던 승객들이 다 같이 탑승하고, 승객이 다 탑승하면 버스는 출발합니다. 세 번째, 네 번째 버스도 이런 식으로 운행이 됩니다.

이제 버스=블록, 사람=데이터, 배차간격 = 블록이 형성되는 주기로 바꿔서 다시 생각해 보죠. 블록은 10분마다 새롭게 형성이 됩니다. 첫 번째 블록이 생겼습니다. 데이터들이 블록에 담깁니다. 두 번째 블록이 생기기 전까지 10분간 모든 데이터는 첫 번째 블록에 저장됩니다. 10분 뒤 두 번째 블록이 생겼습니다. 이제부터 만든 데이터는 모두 두 번째 블록에 담깁니다. 10분 뒤에는 세 번째 블록이 생기고 데이터는 다시 세 번째 블록에 담깁니다. 이런 식으로 계속 블록이 형성되면서 데이터가 저장됩니

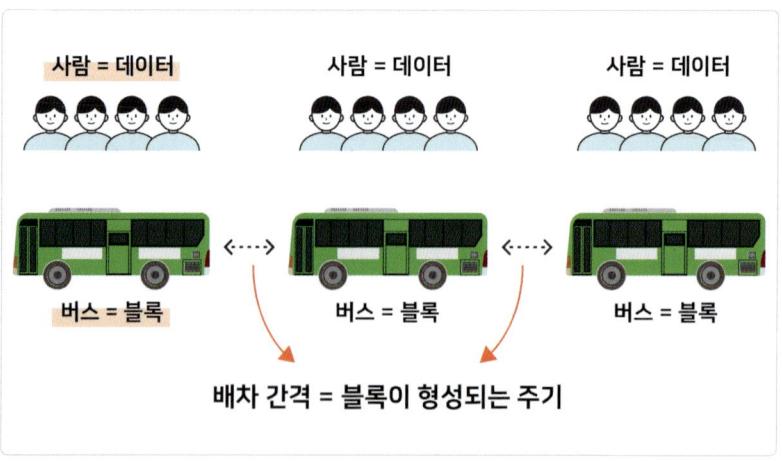

다. 이때 블록의 데이터는 앞에서 배운 해시 값으로 저장이 됩니다.

중요한 점은 새롭게 형성된 블록에는 새로운 데이터 뿐 아니라 바로 직전에 형성된 블록의 데이터도 함께 저장된다는 것입니다. 쉽게 말해, 다섯 번째 형성된 블록에는 바로 앞 네 번째 블록의 데이터까지 모두 담겨 있다는 이야기죠. 이런 식으로 블록은 꼬리에 꼬리를 물듯 계속 연결이 됩니다.

자, 이제 왜 블록체인에 담긴 정보는 위변조가 불가능한지 설명하겠습니다. 해커가 도토리 장부를 조작하려고 합니다. 도토리가 가상화폐라면 회사의 메인 서버에 접속해서 장부만 바꾸면 됩니다. 그러나 도토리가 암호화폐라면 이야기가 달라집니다. 도토리 장부는 데이터 분산처리 기술에 의해 수많은 곳(노드)에 분산되어 있습니다. 이 모든 컴퓨터를 동시에 해킹하는 것은 불가능에 가깝습니다. 또한 새롭게 생성되는 블록은 직전 블록의 정보를 가지고 있기 때문에 특정 블록에 있는 장부를 위조하기 위해서는 앞에 생성된 모든 블록의 데이터를 수정해야 합니다. 예를 들어, 10번째 블록에 있는 데이터를 위조하려면 10번째 블록의 데이터만 고쳐서는 안되고 직전 블록인 9번째, 8번째… 첫 번째 블록까지 거슬러 올라가 데이터를 조작해야만 합니다. 심지어 어느 한 컴퓨터가 아닌 분산되어 있는 모든 컴퓨터에 저장된 데이터를 동시에 조작해야 하죠. 이런 이유 때문에 블록체인 기술로 데이터를 저장하면 위변조가 불가능에 가깝다고 말하는 것입니다.

비트코인과
이더리움 이해하기

중앙화된 금융의 문제점

기존 금융 시스템은 중앙화(Centralized)되어 있습니다. 반면 비트코인은 탈 중앙화(Decentralized)를 특징으로 하고 있죠. 중앙화되었다는 것은 관리하는 주체가 있다는 것을 의미합니다. 이 주체가 시스템의 모든 것을 결정합니다. 중앙화된 시스템에도 분명 장점이 있습니다. 그러나 비판적인 시각에서 바라보면 탈 중앙화의 개념을 더 잘 이해할 수 있기 때문에 일단은 중앙회된 금융 시스템의 단점에 포커스를 맞춰 이야기를 이어가 보겠습니다.

중앙화의 단점은 크게 두 가지입니다. 첫째, 소수가 모든 것을 결정합니다. 예를 들어, 부패한 정부 혹은 독재자가 있는 국가에서는 화폐를 마구 찍어내거나 극단적인 금리 정책을 펼치는 경우가 종종 발생합니다. 급격한 화폐 가치 변동으로 인한 피해는 결국 국민이 받게 되죠.

둘째, 소수가 이익을 독식합니다. 시중 은행은 개인이 맡긴 예금을 필요한 사람에게 대출해 주고 이자를 받습니다. 이때 예금이자와 대출이자의 차이를 예대마진이라고 하는데, 보통은 대출이자가 예금이자보다 더 높기 때문에 은행은 예대마진만으로 매년 엄청난 돈을 벌어들입니다. 그러나 은행에 예금을 맡긴 고객은 적은 이자 수익에 만족해야 합니다. 암호화폐 시장도 마찬가지입니다. 코인 광풍이 불면서 암호화폐 거래소를 운영하는 기업들은 거래 수수료만으로 천문학적인 돈을 벌었습니다. 하지만 거래소의 성공에 큰 기여를 한 시장 참여자에게는 아무런 보상이 없었습니다.

이익 배분만이 아닙니다. 기존 금융 시스템에 대한 신뢰를 무너뜨리는 사건도 심심치 않게 발생합니다. 2022년 A 은행에서 600억 원, B 은행에서 40억 원의 횡령 사건이 발생했습니다. 은행은 안전한 줄 알았는데 관리에 구멍이 생긴 것입니다. 중앙화된 시스템이 과연 최선인 건지 의문이 드는 지점입니다. 이런 질문에서 탄생한 것이 바로 탈 중앙화 거래 시스템 비트코인입니다.

비트코인 네트워크 시스템

비트코인은 단순 화폐가 아닙니다. 정확히 표현하면 개인 간 거래를 위한 네트워크 시스템입니다. 이 네트워크 시스템의 어떤 점이 비트코인을 특별하게 하는 걸까요? 비트코인의 작동원리를 배워보면서 동시에 탈 중앙화를 가능하게 하는 기술을 이해해 봅시다.

비트코인 시스템은 중앙화된 주체가 없습니다. 시스템에 참여하는 노드들의 합의로 모든 것이 결정됩니다. 돈또기가 비트코인 1개를 송금했다고 가정해 보겠습니다. 이 거래는 바로 승인되지 않고, 멤풀(Mempool)이라는 일종의 대기실로 갑니다. 멤풀에는 돈또기의 거래뿐 아니라 최근에 발생한 모든 거래들이 모여 있습니다. 관리에 참여하는 노드들은 이 멤풀 안의 각 거래 데이터가 정상인지 검토하고 승인된 데이터만을 블록에 담아 기존의 블록에 연결합니다. 돈또기의 거래 데이터가 블록에 담겨 체인으로 연결되면 비로소 거래가 완료되는 것입니다. 여기서 중요한 것이 노드들이 데이터를 검증하는 방법입니다.

블록체인은 데이터가 담긴 블록들이 길게 연결된 형태입니다. 이때 X 번째 블록에는 이전 블록의 데이터가 함께 담겨 있죠. 돈또기의 거래 데이터를 포함해 현재 멤풀에 들어 있는 데이터들이 9번째 블록에 담길 예정이라고 해보죠. 이 역할을 수행할 노드들은 모두 8번째 블록까지의 데이터 장부를 가지고 있습니다. 이때 누군가 A 노드가 가지고 있던 데이터 장부를 조작합니다. 이것을 모르는 A 노드는 멤풀에 있던 데이터를 검증한 후 자신이 가지고 있는 데이터 장부에 이어 붙여 블록체인을 완성합니다. 하지만 장부가 조작된 A의 블록체인은 다른 노드가 가지고 있는 블록체인과 다릅니다. 그렇기에 단박에 A의 데이터가 잘못된 것임을 알 수 있죠. 그런데 A 노드 뿐 아니라 B 노드, C 노드의 블록체인이 다 다르다면,

이 상황을 어떻게 해야 할까요? 누구의 블록체인을 정상 블록체인으로 볼 것인지 노드들끼리 합의하는 과정이 필요합니다.

만약 블록을 연결할 때마다 수많은 노드들이 모여 회의를 통해 결정한다면 처리 속도가 느려 네트워크를 이용하는 사람이 없을 것입니다. 그렇다고 쉽고 간단한 방식으로 결정하면 데이터가 조작될 우려가 있습니다. 그래서 블록체인 업계에서는 수많은 노드 간에 합리적이고 효율적인 방식으로 블록의 진위 여부를 증명하는 다양한 합의 알고리즘(consensus algorithm)이 연구되고 있습니다. 대표적인 합의 알고리즘으로는 작업 증명방식(PoW, Proof of Work)과 지분 증명방식(PoS, Proof of Stake)이 있습니다.

작업 증명방식은 컴퓨팅 파워를 이용해 가장 빠르게 블록을 연결한 노드의 블록을 정상 블록으로 인정합니다. 위변조가 어려운 방식이지만, 전력 소모가 크고 블록 생성 주기가 길다는 단점이 있습니다. 반면, 지분 증명방식은 지분을 많이 가진 노드의 블록을 정상 블록으로 인정합니다. 지분을 많이 가질수록 네트워크에 도움이 되는 방향으로 행동할 것을 전제합니다. 거래 처리 속도가 빠르지만, 지분을 많이 가진 사람에게 더 많은 권한을 주는 것이므로 탈 중앙화의 의미를 잃고 의사결정이 소수에 의해 좌우될 가능성이 있습니다.

비트코인은 작업 증명방식 합의 알고리즘을 채택했습니다. 가장 빠르게 블록을 연결한 노드의 블록을 정상 블록으로 보는 방식이죠.

'그럼, 악의적으로 가짜 블록을 빠르게 연결하면 어떻게 해?'

이런 의문이 드실 수 있습니다. 이를 방지하기 위해 비트코인 네트워크 시스템은 노드가 아주 어려운 문제의 답을 맞혀야만 블록을 체인에 연결할 수 있도록 하여 데이터 조작을 방지하고 있습니다. 아래 표를 같이 볼까요?

표에는 블록 안에 포함되어야 하는 데이터가 나와 있습니다. 이중 가운데에 있는 논스(Nonce)를 제외하면 나머지는 이미 값이 정해져 있습니다. 논스만이 유일하게 노드가 직접 입력해야 하는 숫자 값입니다. 이 논스가 바로 노드가 풀어야 하는 어려운 문제입니다. 여기서 논스가 될 수 있는 조건은 비츠(Bits)가 결정합니다. 논스를 포함해 모든 블록 정보를 해시화한 값이 비츠 값 보다 작은 값이어야 합니다. 앞에서 해시 함수의 가장 중요한 특징으로 단방향성을 말했었죠? 즉, 비츠 값을 보고 논스에 들어갈 숫자를 역으로 찾을 수는 없으니 노드들은 논스에 무작위로 숫자를 바꿔 대입해 보면서 정답을 찾아내야 합니다.

블록 구성 요소	포함된 정보 구분	포함된 정보 내용
블록바디 (Block Body)	거래(Transactions)	검증된 거래 데이터
블록헤더 (Block Header)	머클 해시(Merkle Hash)	거래 정보 해시
	이전 블록 해시(Previous Block Hash)	이전 블록 해시
	비츠(Bits)	난이도를 나타내는 숫자 값
	논스(Nonce)	난수
	시간(Timestamp)	블록 생성 시간
	버전(Version)	소프트웨어 버전

노드들이 하나의 블록을 형성하기 위해서는(방대한 연산을 수행해 정답을 찾는 데에는) 약 10분 정도가 소요됩니다. 2022년 6월 9일을 기준으로, 비트코인은 74만 개 이상의 블록이 연결되어 있습니다. 만약 첫 번째 블록에 포함된 거래 데이터를 변경하려면 74만 번째 블록까지 다시 연결하는데 740만 분, 약 14년 이상이 소요되고 그 14년 동안 평균 10분마다 새로운 블록이 생성되기 때문에 보통의 컴퓨터로 비트코인의 데이터를 조작한다는 것은 사실상 불가능에 가깝습니다. 데이터 분산 저장과 암호화 기술 덕분에 신뢰를 보증하는 중앙 기관(관리 주체) 없이도 네트워크 시스템을 운영할 수 있는 것입니다. 비트코인이 왜 탈 중앙화된 금융 시스템인지 이해가 되시죠?

노드가 정답을 찾는다는 것은 곧 컴퓨터가 방대한 연산을 수행한다는 것과 같습니다. 방대한 연산을 수행하기 위해서는 많은 시간과 에너지(전기) 그리고 돈이 들어갑니다. 그렇다면, 왜 노드들은 굳이 이런 고생을 사서 하는 걸까요? 그 이유는 블록을 생성할 때마다 보상을 받을 수 있기 때문입니다. 여기서 보상으로 제공되는 암호화폐가 바로 비트코인(BTC)입니다. 흔히 비트코인을 암호화폐로만 알고 있는데요, 정확히 말하면 개인 간 거래를 위한 네트워크 시스템이 비트코인이고, 이 네트워크 시스템을 잘 운영하기 위해 참여자들에게 보상으로 주는 암호화폐가 바로 비트코인(BTC)입니다. 네트워크와 암호화폐를 모두 같은 명칭으로 부르면 헷갈리지 않을까요? 네, 맞습니다. 그래서 화폐를 의미할 때는 알파벳으로 된 통화 코드를 함께 적거나 통화 코드만 표기합니다. 비트코인 네트워크의 코인은 비트코인(BTC) 또는 BTC, 이더리움 네트워크의 코인은 이더리움

(ETH) 또는 ETH 이런 식으로요. 참고로 네트워크 운영을 위해 일하고 그 보상으로 암호화폐를 얻는 행위를 광산에서 금을 캐는 것에 비유해 채굴(Mining)이라 하며, 채굴하는 사람들을 채굴자라고 부릅니다.

정리하면, 비트코인은 블록체인 기술로 탈 중앙화를 구현한 개인 간 거래를 위한 네트워크 시스템입니다. 중앙화된 운영 주체 없이 다양한 노드들의 참여에 의해 네트워크가 운영되며, 노드들에게는 참여에 대한 보상으로 암호화폐인 비트코인(BTC)을 지급합니다.

이더리움 네트워크 시스템

이번에는 블록체인 기술이 적용된 이더리움(Ethereum Mainnet) 네트워크(이하 이더리움)에 대해 알아보겠습니다. 이더리움은 블록체인 2.0 시대를 열었다고 표현될 만큼 혁신적인 기술을 가진 네트워크입니다.

이더리움은 안드로이드와 같은 플랫폼에 비유할 수 있습니다. 개발자가 안드로이드 위에 올라가는 앱 서비스를 만들 수 있는 것처럼, 이더리움 위에서는 누구나 스마트 컨트랙트(Smart Contract(계약))를 만들어 공유할 수 있습니다. 스마트 컨트랙트는 기존의 중앙화된 시스템에서 중개자가 하는 역할을 프로그래밍된 코드가 대신하는 기술이라고 할 수 있습니다. 이해를 돕기 위해 아파트를 매매하는 과정을 떠올려볼까요?

공인 중개사는 아파트를 사고팔 때, 매수인과 매도인 간 계약 내용이 안전하게 이행될 수 있도록 신뢰를 보증하는 역할을 합니다. 만약 공인 중개사 없이 거래한다면 어떻게 될까요? 매수자는 돈을 입금하기 전에 매도자가 소유권 이전을 확실히 해줄지 걱정될 것입니다. 반대로 매도자는 소유권 이전을 해줬는데 매수자가 돈을 입금하지 않을까 봐 불안해 하겠죠. 이처럼 모든 계약은 상호 신뢰의 문제를 포함하고 있습니다. 어느 한쪽이 신뢰를 저버리면 법률적 소송을 해야 하는 등 복잡하고 번거로운 일이 발생할 수 있습니다. 그래서 우리는 많은 수수료를 지불하더라도 공인중개사를 통해 계약을 진행하고 있죠.

그런데 신뢰를 보증하는 중개인의 역할은 이더리움 위의 스마트 컨트랙트로 계약을 진행하는 것으로 대체할 수 있습니다. 매수자가 매매 대금을 입금하면 자동으로 소유권이 이전되는 계약 내용을 프로그래밍된 코드로 구현할 수 있습니다. 반대의 경우도 마찬가지입니다. 심지어 특정 기한까지 잔금을 입금하지 않으면 자동으로 계약이 취소되고 계약금의 2배가 위약금으로 청구되는 것처럼 조건을 더 구체화하는 것도 가능하죠.*
이더리움 네트워크의 스마트 컨트랙트를 이용하면 제3자에 의한 판단이나 중재자 없이도 프로그래밍된 규칙에 따라 거래를 처리할 수 있습니다. 이더리움 생태계에서 코드가 곧 법이다(Code is Law)라는 말이 나오는 이유입니다. 이처럼, 이더리움은 탈 중앙화 개념을 스마트 컨트랙트 형태로 구체화했다고 할 수 있습니다.

비트코인과 달리 이더리움에서 스마트 컨트랙트 구현이 가능한 이유는

---

* 스마트 컨트랙트가 중개인의 역할을 대신한다는 것을 설명하기 위한 가상의 예시입니다.

앞에서 배운 블록의 구성요소 중 블록바디(Block Body)에 들어가는 정보의 유형이 다르기 때문입니다. 비트코인의 블록바디에는 검증된 거래 데이터가 저장되어 있습니다. 즉, 비트코인(BTC)을 주고받은 거래 내역만 저장할 수 있는 회계장부 형식이라고 할 수 있죠. 반면 이더리움은 거래 데이터뿐 아니라 계약 내용을 함께 저장할 수 있도록 만들어진 것이 큰 차이점입니다. 이더리움(ETH)을 주고받은 데이터뿐 아니라 계약 내용을 저장하기 위한 조건문(if), 반복 구문(loop) 등의 프로그래밍된 코드를 함께 저장할 수 있습니다. 이런 특성 때문에 이더리움을 프로그래밍 가능한 블록체인(Programmable Blockchain)이라고도 부릅니다.

	비트코인	이더리움
블록바디에 포함된 정보 내용	거래 데이터	거래 데이터 + 계약 내용

디파이와
다양한 네트워크

탈 중앙화 금융 서비스, 디파이

안드로이드에서 구동되는 다양한 응용 프로그램들을 앱(Application)이라 부르는 것처럼, 이더리움 네트워크에도 스마트 컨트랙트를 응용한 여러 앱 서비스들이 존재합니다. 이 서비스들을 탈 중앙화된 응용 프로그램(Decentralized Application), 줄여서 디앱(DApp) 혹은 댑이라고 부릅니다. 게임부터 소셜 미디어까지 다양한 종류의 디앱이 존재하지만 그중에서도 암호화폐를 이용한 탈 중앙화 금융 서비스, 일명 디파이(Decentralized Finance, Defi)를 중심으로 발전하고 있습니다.

이 책에서는 대표적인 디파이 서비스인 유니스왑(Uniswap), 아베(Aave),

컨벡스 파이낸스(Convex Finance)를 다룹니다. 낯선 이름이지만, 모두 여러분이 이미 경험해 봤거나 알고 있는 금융 서비스를 모델로 만들어 졌습니다. 유니스왑은 업비트와 같은 암호화폐 거래소입니다. 아베는 예금과 대출을 할 수 있는 은행, 컨벡스 파이낸스는 자금을 모아 운영한 후 수익을 나눠주는 펀드와 유사합니다. 디파이 서비스 실습은 뒤에서 충분히 하니, 여기서는 디파이가 현재 있는 금융 서비스를 모델로 만들어진 탈 중앙화된 금융 서비스라는 것만 알아두세요.

다양한 네트워크

이더리움 네트워크가 인기를 끌자 프로그래밍 가능한 또 다른 네트워크들이 대거 등장했습니다. 스마트폰 운영체제도 구글이 만든 안드로이드, 애플이 만든 iOS가 있는 것처럼 이더리움 외에도 디앱을 구현할 수 있는 다른 네트워크들이 존재한다고 이해하면 됩니다.

디파이 통계를 보여주는 '디파이라마(defillama.com) 사이트를 통해 네트워크를 좀 더 자세히 알아보겠습니다. 왼쪽 Name 열에는 총자산 규모(Total Value Locked, TVL)가 큰 순서대로 네트워크들이 나열되어 있습니다. 이더리움(Ethereum)이 가장 규모가 크고, 트론(Tron), 바이낸스 스마트체인(BSC), 아비트럼(Arbitrum) 등이 뒤를 잇고 있습니다. 프로토콜(Protocols) 열에는 해당 네트워크에서 서비스 중인 디앱의 개수가 나와 있습니다. 2023년 3월 기준, 이더리움 네트워크를 기반으로 운영되는 디

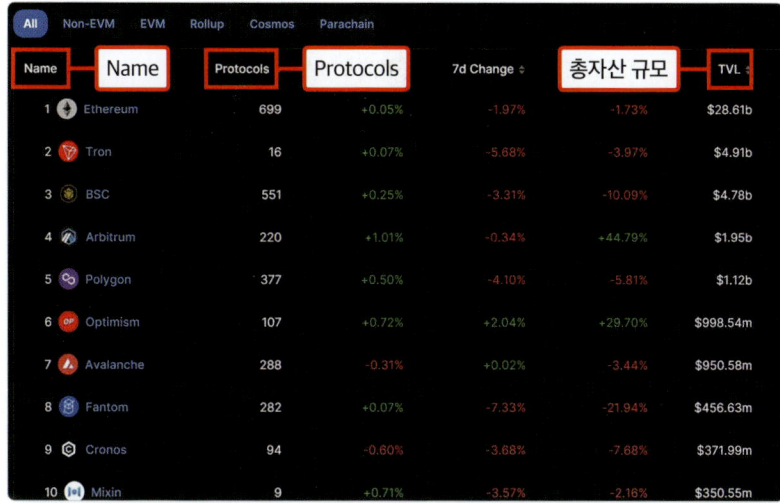

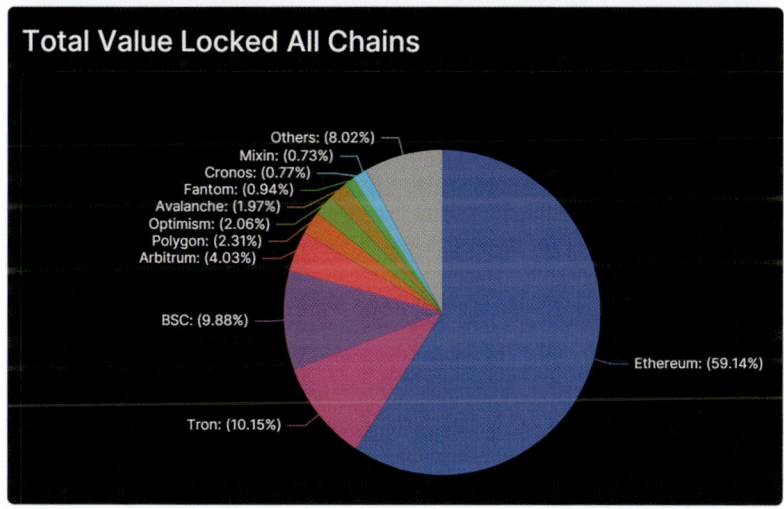

앱의 수는 699개, 트론은 16개, 바이낸스 스마트체인은 551개입니다. 총 자산 규모(TVL)는 해당 네트워크에서 지원하는 다양한 토큰(Token)들의 가치를 달러로 환산해서 보여줍니다. 이더리움 네트워크가 $28.61b, 트론이 $4.91b, 바이낸스 스마트체인이 $4.78b로 이더리움 네트워크의 규모가 압도적으로 큰 것을 알 수 있습니다. 참고로 자체 블록체인 네트워크를 가지고 있는 암호화폐를 코인(Coin), 자체 네트워크는 없지만 서비스와 연동해 발행한 암호화폐를 토큰(Token)이라고 부릅니다. 물론 현실에서는 이런 구분 없이 토큰과 코인을 모두 암호화폐의 의미로 통용해서 사용하는 경우가 더 많지만요.

네트워크를 이더리움 가상머신과 호환되는(Ethereum Virtual Machine Compatible, EVM-Compatible) 네트워크와 그렇지 않은 네트워크(Non-EVM)로도 구분할 수 있습니다. 호환 여부가 중요한 이유는 이더리움 가상머신과 호환되는 네트워크에서만 지원이 되는 서비스들이 있기 때문입니다. 예를 들어, 디파이를 시작하기 위해 꼭 필요한 암호화폐 지갑 서비스인 메타마스크의 경우 이더리움 가상머신과 호환되는 네트워크(ex. 이더리움, 바이낸스 스마트체인, 아발란체)에서만 사용이 가능하고, 호환되지 않는 네트워크(ex. 솔라나, 카르다노)에서는 사용이 불가합니다.

이더리움 가상머신과 호환되는 네트워크(EVM)	이더리움 가상머신과 호환되지 않는 네트워크(Non-EVM)
이더리움(Ethereum) 바이낸스 스마트체인(BSC) 폴리곤(Polygon) 아발란체(Avalanche)	믹신(Mixin) 솔라나(Solana) 카르다노(Cardano)

암호화폐 지갑 만들기 & 거래 내역 확인하기

PART 2

1. 업비트의 자산을 메타마스크로 보내기
2. 메타마스크의 자산을 업비트로 보내기
3. 이더스캔 화면 이해하기

업비트의 자산을
메타마스크로 보내기

메타마스크란?

A 은행에서 거래를 하려면 A 은행 계좌부터 만들어야 합니다. B 은행에서 거래를 하려면, B 은행 계좌를 만들어야 하고요. 이처럼 중앙화된 금융 시스템에서는 금융 서비스를 이용할 때마다 새롭게 계좌를 만들어야 합니다. 명의는 나로 되어 있지만, 계좌의 관리 권한을 은행이 갖기 때문에 해당 계좌가 온전히 내 소유라고 보기 어렵습니다. 반면 탈 중앙화된 금융 시스템에서는 지갑(Wallet)을 만든 다음, 이 지갑을 서비스에 연동하는 방식으로 거래가 이루어집니다. 지갑에 대한 모든 권한은 사용자에게 있고요.

지갑은 작동 방식에 따라 온라인으로 연결될 수 있는 핫 월렛(Hot Wallet)과 오프라인으로 관리되는 콜드 월렛(Cold Wallet)으로 나눌 수 있습니다. 이 책에서는 가장 대중적인 지갑인 메타마스크로 실습을 할 텐데요, 메타마스크는 PC와 모바일에 최적화된 핫 월렛입니다. 메타마스크는 이더리움 가상머신과 호환되는 네트워크만을 지원합니다. 바이낸스 스마트체인(BSC), 아발란체(Avalanche) 등 이더리움 가상머신과 호환되는 네트워크에서는 새로운 지갑을 만들 필요 없이 모든 디앱에서 하나의 메타마스크 지갑 주소를 이용할 수 있어 매우 편리합니다. 하지만 이더리움 가상머신과 호환되지 않는 네트워크를 이용할 때는 해당 네트워크에서 지원하는 별도의 지갑을 만들어 사용해야 합니다.

네트워크	대표 지갑
이더리움 가상머신 호환	메타마스크(MetaMask)
솔라나(Solana)	솔렛(Sollet)
믹신(Mixin)	믹신 지갑
카르다노(Cardano)	다이달로스(Daedalus)

이더리움 네트워크의 디앱 서비스를 이용하기 위해서는 메타마스크에 이더리움(ETH)이 있어야 합니다. 그럼, 지금부터 업비트에서 이더리움(ETH)을 매수한 후, 메타마스크로 보내는 과정을 실습해 보겠습니다.

메타마스크 지갑 만들기

메타마스크 지갑은 PC(크롬 확장 프로그램) 또는 모바일 앱을 이용해 만들 수 있습니다. 이 책에서는 PC에서 메타마스크 지갑을 생성하는 방법을 알려드리겠습니다.

1️⃣ 크롬(Chrome)을 열고, 메타마스크(metamask.io)에 접속해 주세요. 우측 상단의 다운로드(Download)를 클릭합니다.

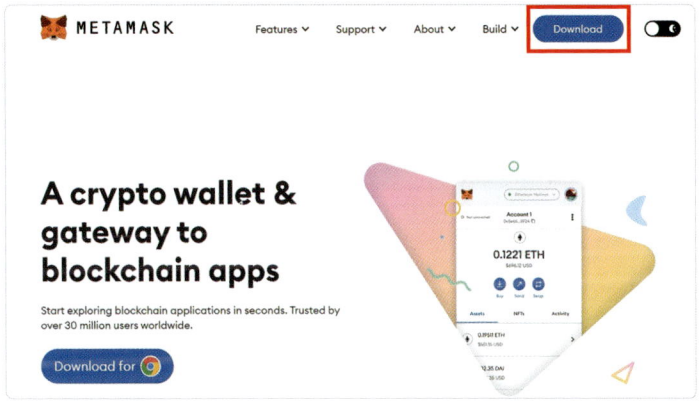

2️⃣ 크롬용 메타마스크 설치(Install MetaMask for Chrome)를 클릭합니다.

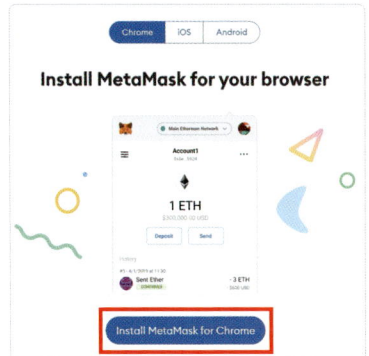

3 크롬 웹 스토어로 연결되면 Chrome에 추가를 눌러주세요.

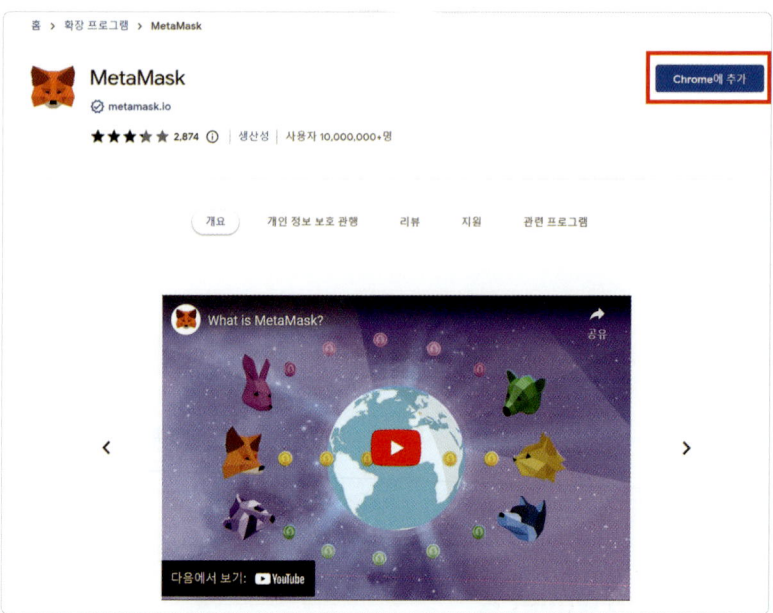

4 확장 프로그램 추가 버튼을 클릭합니다.

5️⃣ 크롬 확장 프로그램 다운로드가 완료되면 메타마스크를 시작할 수 있는 웹페이지가 자동으로 열립니다. 새 지갑 생성을 눌러 주세요.

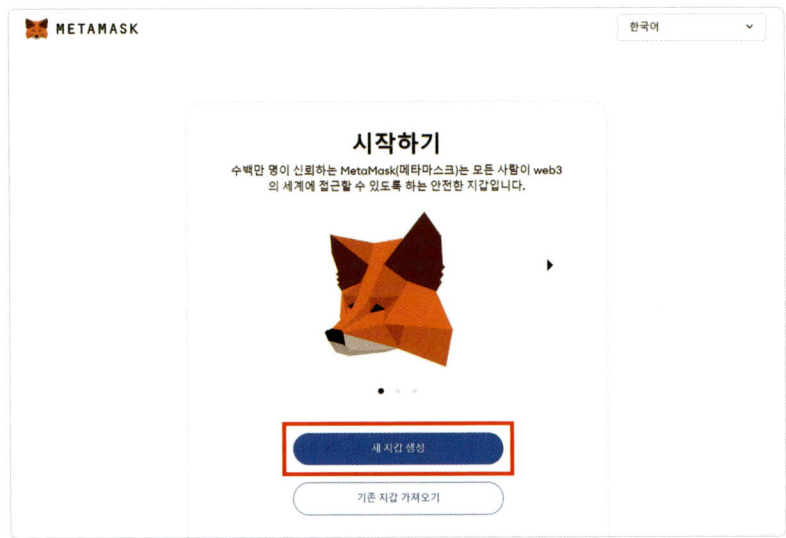

6️⃣ 품질 개선을 위해 사용자 데이터를 수집한다는 내용이 나옵니다. 물론, 동의하지 않아도 서비스를 이용하는 데는 지장이 없습니다. 각자 판단하에 동의 여부를 선택해 주세요.

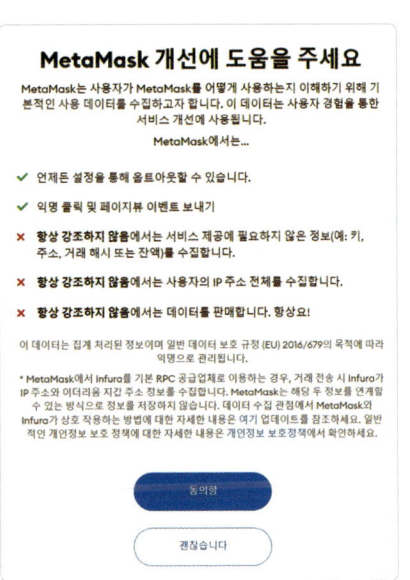

PART 2 | 암호화폐 지갑 만들기 & 거래 내역 확인하기

7️⃣ 비밀번호를 생성합니다.

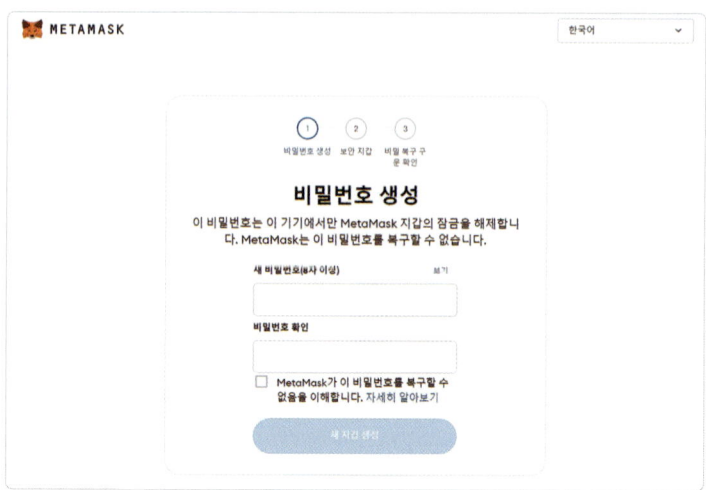

8️⃣ 지갑을 안전하게 유지하기 위한 비밀 복구 구문(Secret Recovery Phrase)을 소개하는 비디오를 시청하고 내 지갑 보호(권장)를 클릭해 주세요.

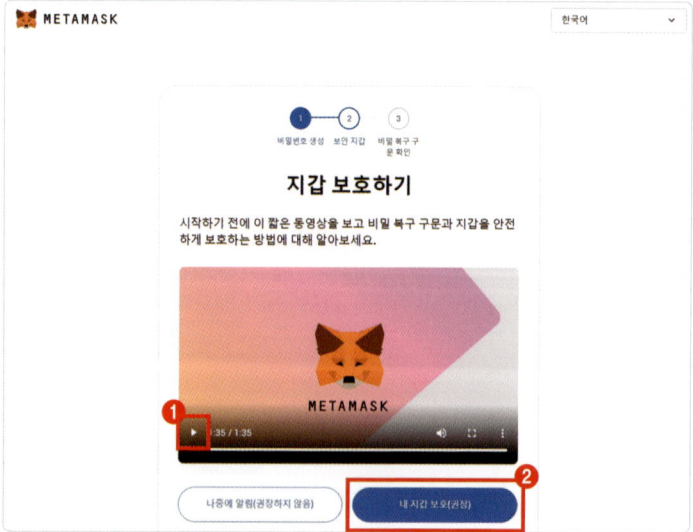

⑨ 비밀 복구 구문은 비밀번호를 잊어버렸을 때, 다시 복구할 수 있는 KEY입니다. 타인이 비밀 복구 구문을 알고 있을 경우, 지갑을 해킹할 수도 있습니다. 따라서 비밀 복구 구문이 유출되지 않도록 주의해야 하며, 본인도 잊어버리지 않도록 기록해둘 것을 당부드립니다. 단, 온라인에 메모할 경우, 해킹의 우려가 있으니 수기로 작성해 오프라인에 보관해주세요. 준비가 되었으면 비밀 복구 구문 공개를 클릭합니다.

PART 2 | 암호화폐 지갑 만들기 & 거래 내역 확인하기

🔟 비밀 복구 구문을 적은 후, 다음을 클릭합니다.

11 적어 둔 비밀 복구 구문을 보고, 빈칸을 채운 다음 확인을 누르세요.

12 지갑이 생성되었습니다. 확인했습니다!를 클릭합니다.

13 뒤이어 나오는 다음과 완료 버튼을 누릅니다. 브라우저에서 별도의 로그인 없이 메타마스크 접속이 가능해졌습니다.

 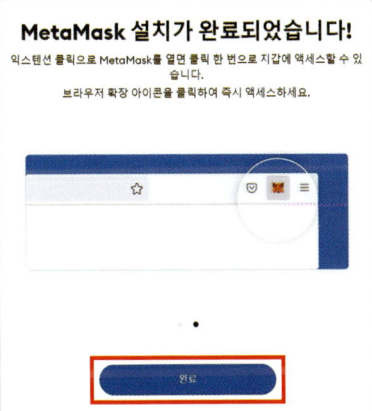

⑭ Account1 아래에 있는 ❶ 숫자와 알파벳을 조합한 문구가 지갑 주소입니다. 오른쪽 아이콘을 클릭하면 주소가 복사됩니다. ❷ 우측 상단에 이더리움 네트워크(이더리움 메인넷 or ERC-20)가 기본 값으로 설정되어 있습니다. 지갑에 자산이 없으므로 ❸ 이더리움(ETH) 0개로 표시가 되어 있습니다.

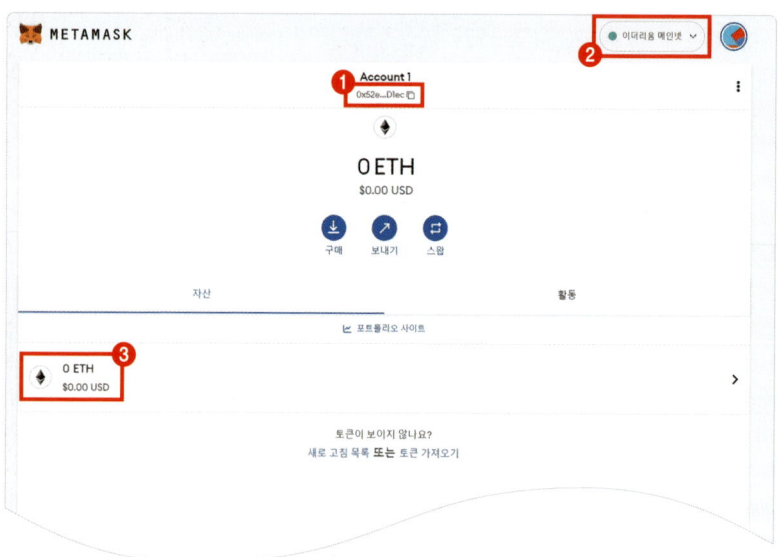

업비트 가입하기

이번에는 업비트에 가입해 보겠습니다. 이미 가입되어 있는 분들은 59p [업비트에 메타마스크 지갑 주소 등록하기]로 건너뛰어 주세요.

❶ 업비트 앱을 다운로드한 후, 업비트 시작 버튼과 로그인 버튼을 차례로 클릭합니다.

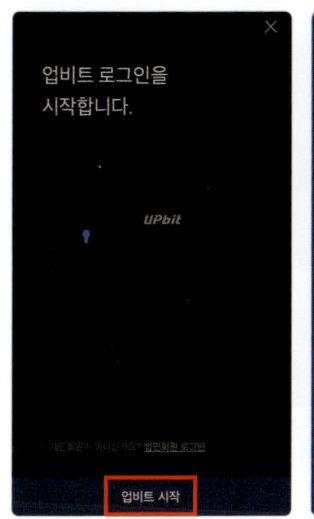
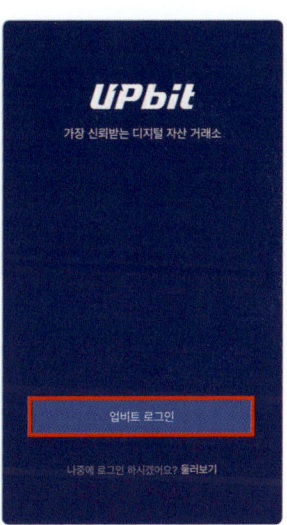

❷ 전체 동의를 체크한 후, 개인 정보를 입력합니다. 하단에 확인 버튼을 눌러주세요.

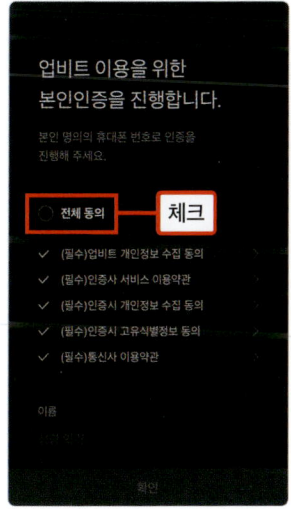
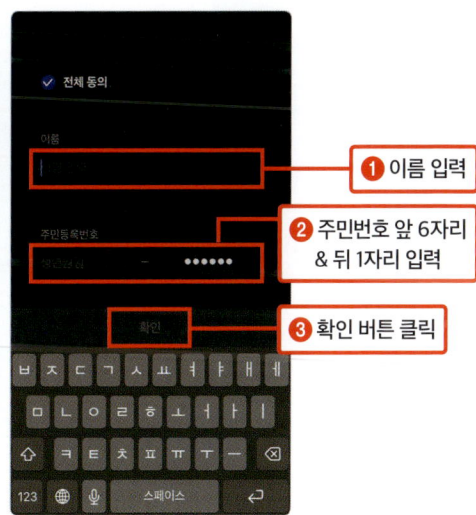

PART 2 | 암호화폐 지갑 만들기 & 거래 내역 확인하기

3 휴대폰 인증을 합니다. 통신사를 선택하고, 번호 인증을 해주세요.

4 이번에는 계좌 인증입니다. 계좌가 있는 은행을 선택한 후, 계좌 번호를 입력합니다. 계좌 인증번호 전송 버튼을 누르면 해당 계좌로 1원이 입금됩니다. 입금자명에 적힌 숫자 3개를 기억해두세요.

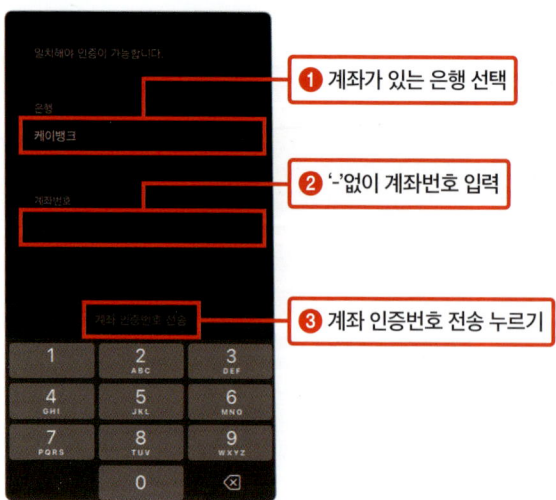

5 입금자명에 적힌 숫자 3개를 입력한 후, 확인 버튼을 누릅니다.

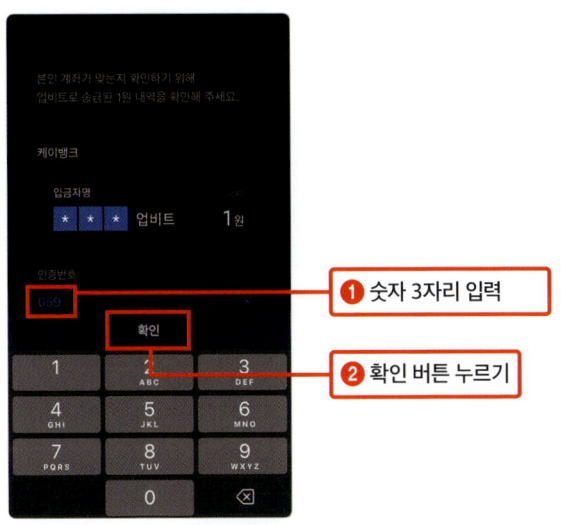

6 6자리 비밀번호를 설정하면, 가입이 완료됩니다.

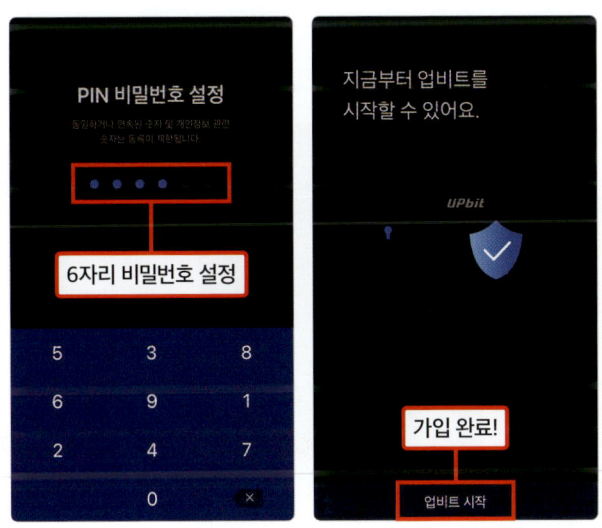

7️⃣ 가입이 완료되었지만, 바로 거래할 수는 없습니다. 추가 인증 절차를 거쳐야 합니다. 하단에 내 정보 탭을 선택한 후, 회원 등급을 눌러주세요. 그다음 고객확인 시작 버튼을 클릭합니다.

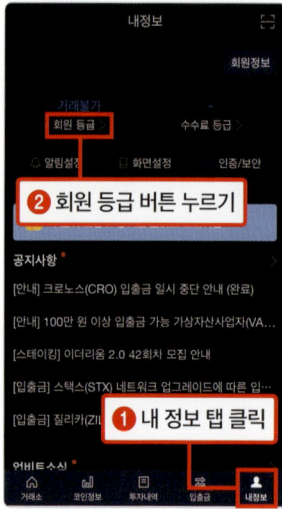 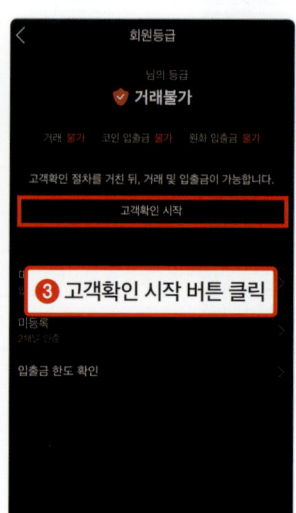

8️⃣ 전체 동의에 체크하고, 이메일 주소와 거주지 주소를 입력합니다.

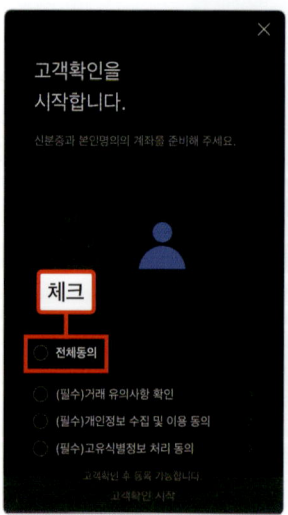 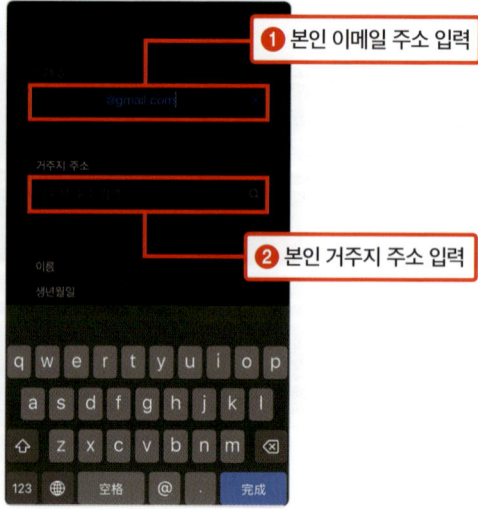

52　　　　　　　　　　　　　　　　　디파이 투자, 지금은 공부가 필요합니다

9 주소 입력 후, 확인 버튼을 누릅니다. 직업군을 선택하고, 직장 이름을 적어주세요.

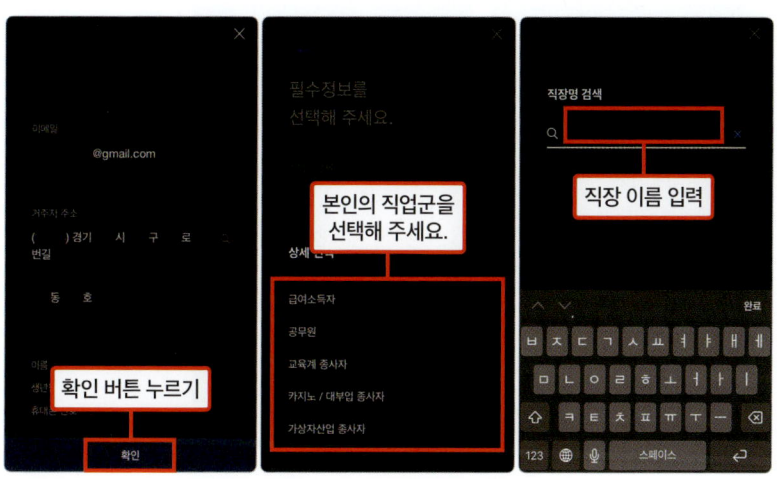

10 거래 목적과 자금 원천을 선택한 후, 확인 버튼을 클릭합니다.

11 신분증을 준비하고 앞면을 촬영해 주세요. 정보가 잘 입력되었는지 체크하고 확인 버튼을 클릭합니다.

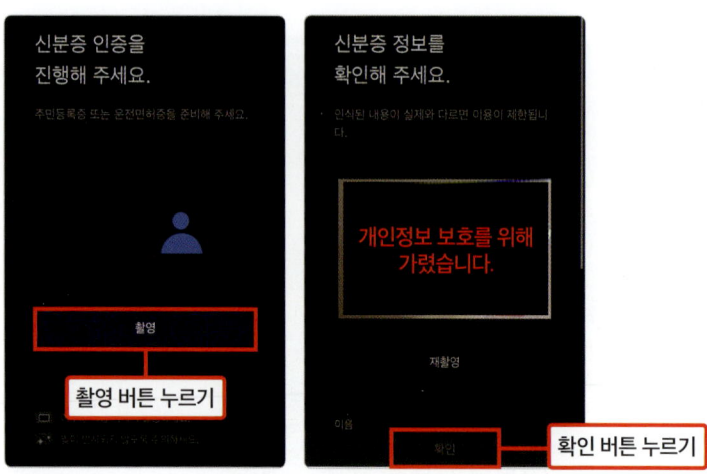

12 업비트와 연결된 입출금 은행을 선택해야 하는데, 케이뱅크만 가능합니다. 케이뱅크 계좌가 없다면 새롭게 만들어주세요. 케이뱅크를 선택 후, 하단에 동의 버튼을 눌러 주세요.

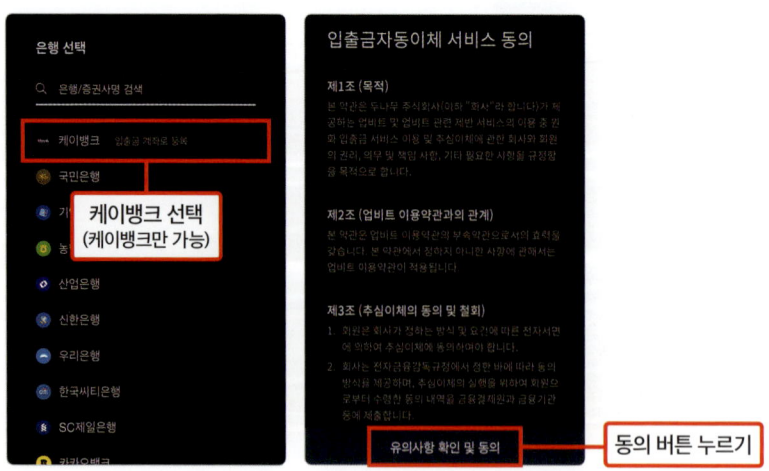

13 계좌 번호를 입력하고, 계좌 인증번호 전송 버튼을 클릭합니다. 케이뱅크 입금자명에 적힌 숫자를 확인 후, 업비트로 돌아와 해당 숫자를 입력합니다. 확인 버튼을 눌러 주세요.

14 ARS 전화 인증을 진행합니다.

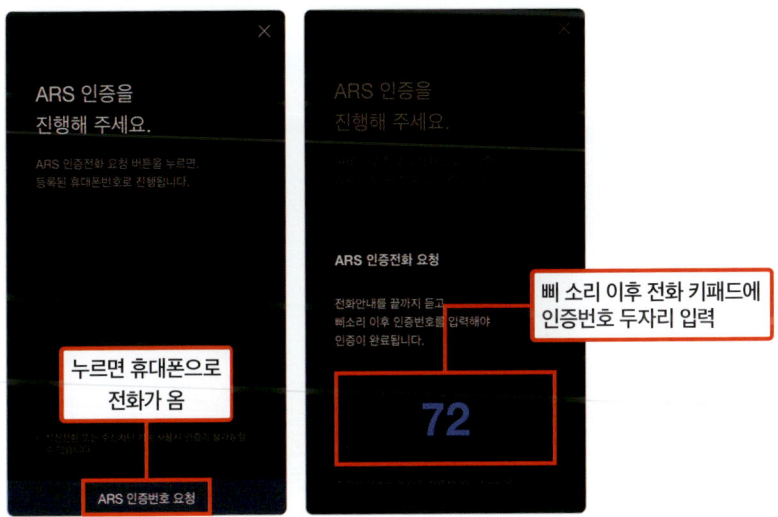

PART 2 | 암호화폐 지갑 만들기 & 거래 내역 확인하기

⑮ 마지막으로 2채널 인증이 남았습니다. 네이버 인증 또는 카카오페이 인증 둘 중 하나가 있어야 합니다. 없으신 분들은 먼저 네이버 또는 카카오페이에서 인증서를 만들어주세요. 책에서는 카카오페이 인증으로 진행하겠습니다. 인증 활성화하기 버튼을 클릭한 후, 카카오페이 인증을 눌러 주세요.

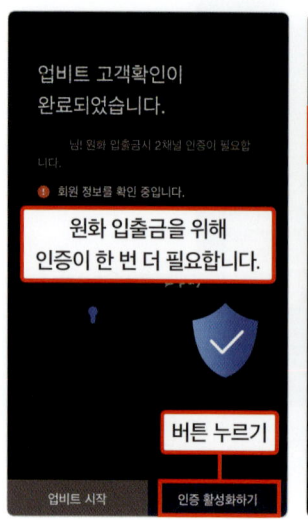

⑯ 인증 활성화하기 버튼을 클릭 후, 카카오톡에서 인증을 진행해 주세요.

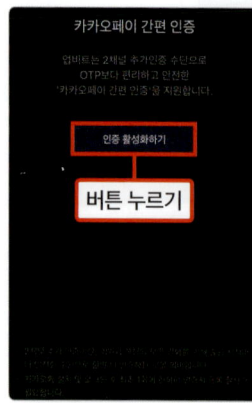

17 인증을 완료하면, 업비트에서 거래가 가능해집니다.

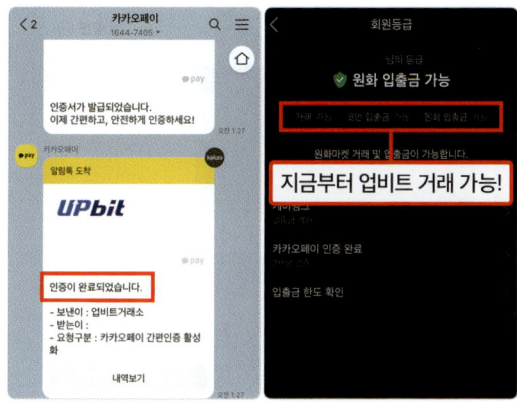

업비트에 원화 입금하기

1 업비트에 입금할 금액을 업비트와 연결된 케이뱅크에 입금합니다. 업비트 앱 하단의 입출금 탭을 클릭합니다. 그다음 원화를 선택해 주세요.

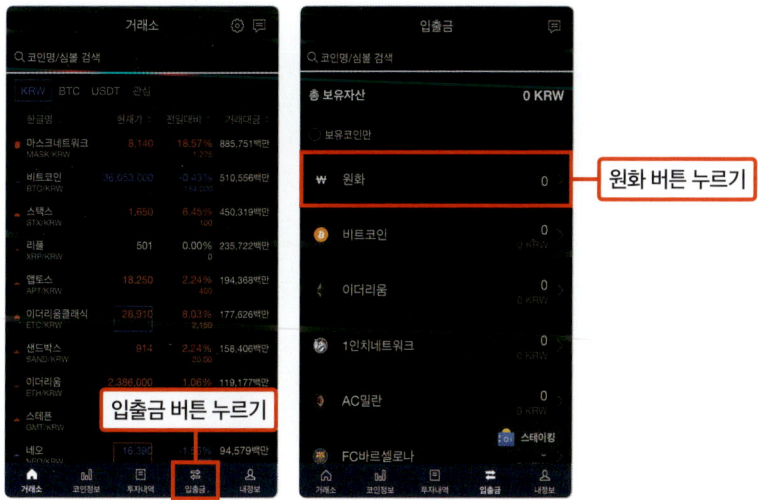

PART 2 | 암호화폐 지갑 만들기 & 거래 내역 확인하기

2 입금하기를 클릭합니다. 케이뱅크에서 업비트로 보낼 금액을 적은 다음, 입금신청을 눌러 주세요.

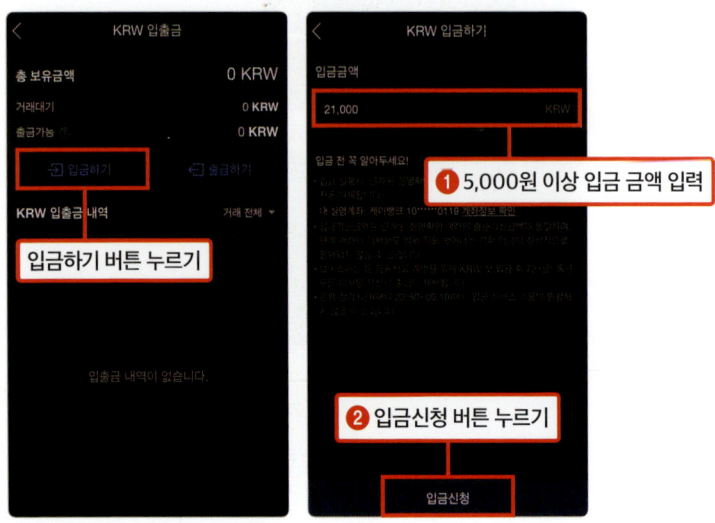

3 2채널 인증하기를 클릭하고, 카카오페이 인증을 선택합니다. 카카오톡에서 2채널 인증을 진행합니다.

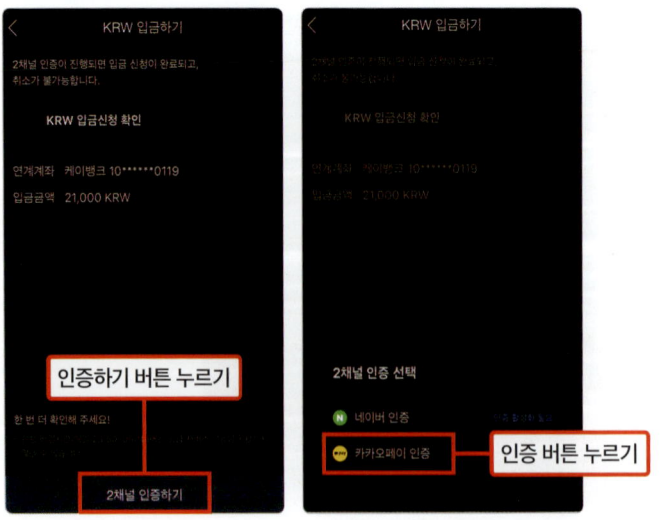

4 인증이 완료되면, 업비트에 원화가 입금됩니다.

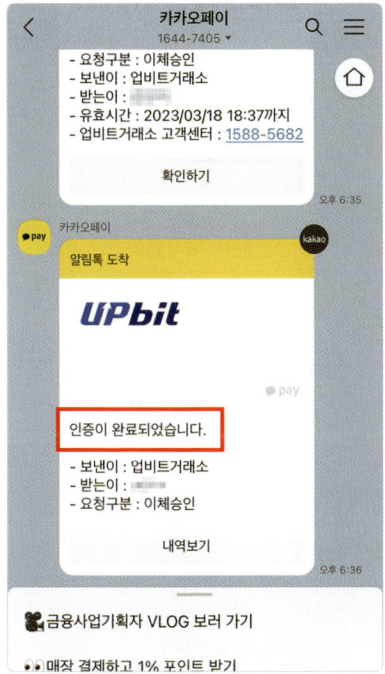

업비트에 메타마스크 지갑 주소 등록하기

메타마스크 지갑을 업비트에 등록하겠습니다.

1 PC를 이용해 업비트 웹사이트(upbit.com)에 접속해 로그인을 합니다. 우측 상단의 MY 탭으로 이동해주세요. 주소 관리 → 개인지갑 주소 관리에 있는 관리하기를 클릭합니다.

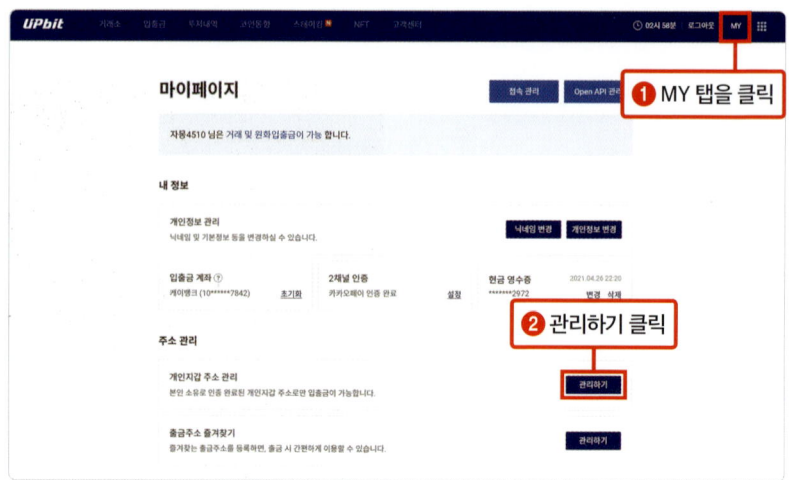

2 업비트가 열려 있는 크롬창에서 새탭을 추가해 메타마스크에 접속합니다. 로그인을 한 후, 다시 업비트로 돌아와 주소 등록을 클릭합니다.

3 메타마스크를 선택합니다.

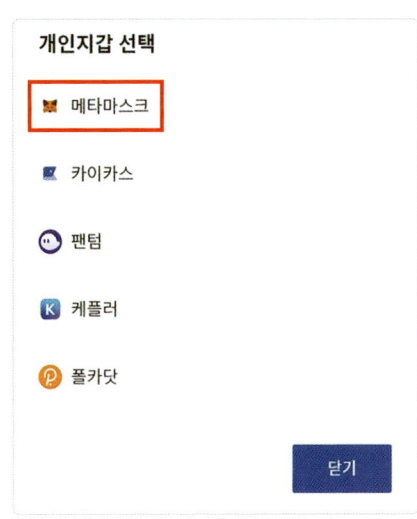

4 주소별명을 입력하고, 지갑 주소를 확인합니다. 동의 박스에 체크한 후 2채널 인증을 진행해 주세요.

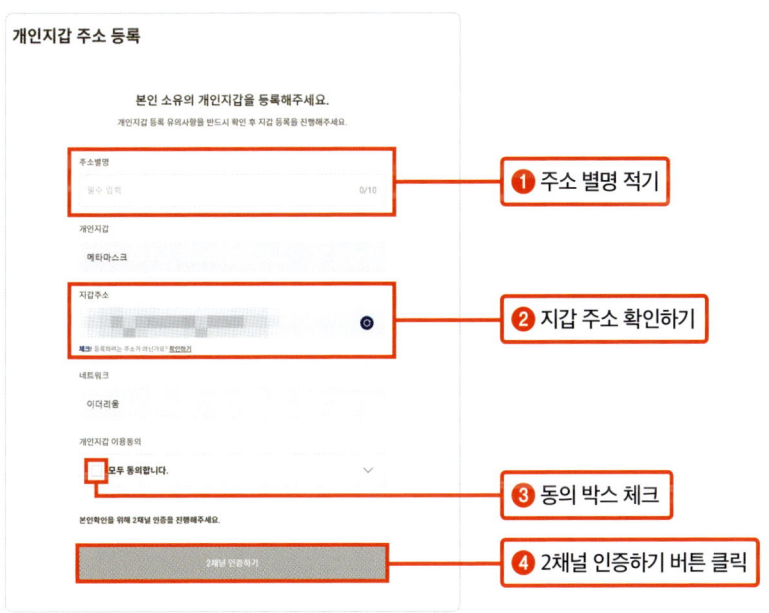

PART 2 | 암호화폐 지갑 만들기 & 거래 내역 확인하기

5 메타마스크 지갑에서 서명(Sign)을 하면 지갑 주소 등록이 완료됩니다.

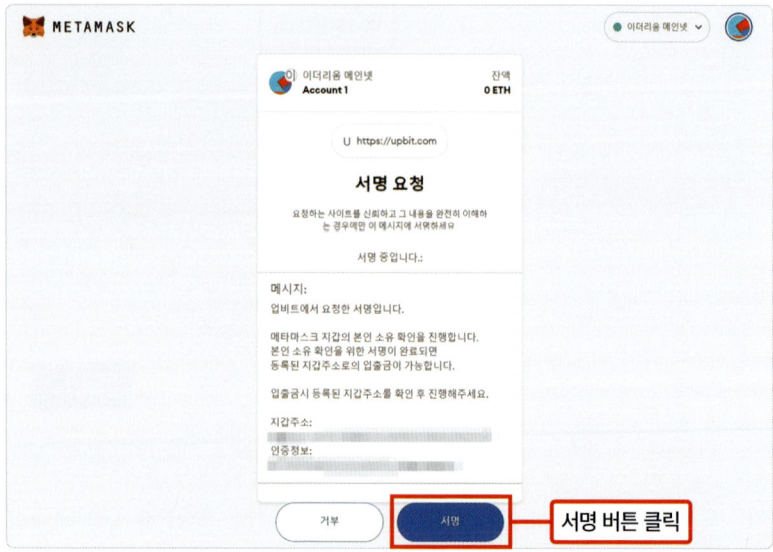

이더리움(ETH) 매수하고, 메타마스크 지갑으로 이체하기

이제 업비트에서 이더리움(ETH)을 매수한 후, 메타마스크 지갑으로 보내 보겠습니다. 참고로 이더리움 네트워크로 출금을 지원하는 다른 코인으로 실습해도 괜찮습니다.*

---

* 업비트에서는 최초 원화 입금 시 72시간 동안, 두 번째 원화 입금부터는 24시간 동안 원화 합계액에 해당하는 디지털 자산의 출금이 제한됩니다.

1 거래소 탭을 선택하고, 이더리움(ETH)을 클릭합니다. 원하는 수량과 가격을 입력한 후 매수 버튼을 누릅니다.

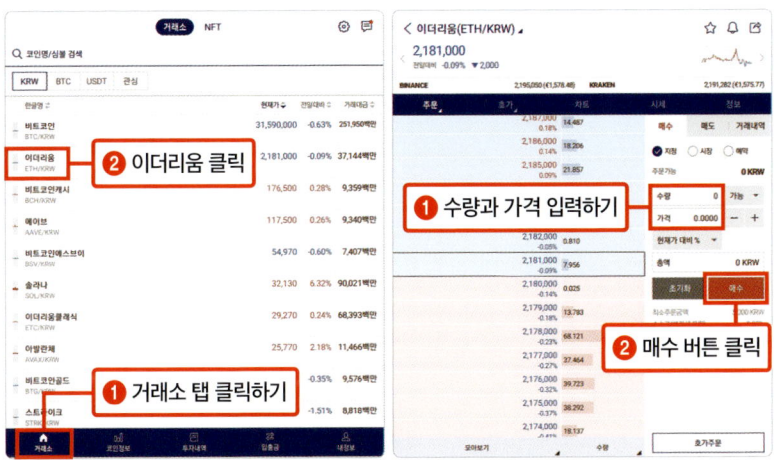

2 입출금 탭을 선택한 후, 이더리움을 클릭합니다.

PART 2 | 암호화폐 지갑 만들기 & 거래 내역 확인하기

3️⃣ 출금하기를 클릭합니다.

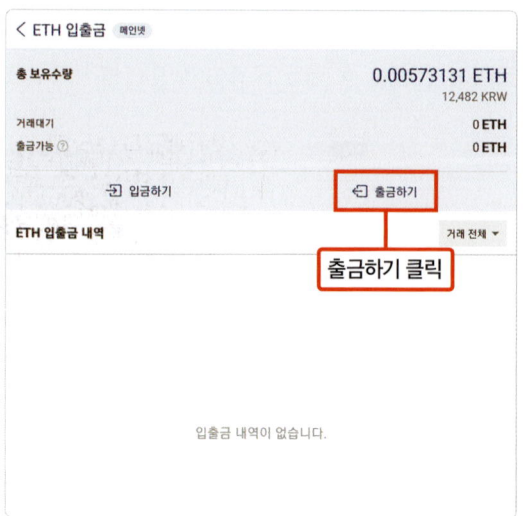

4️⃣ 일반출금을 선택하고, 출금 수량을 입력한 후, 확인 버튼을 누릅니다. 참고로 최소 출금 금액은 수수료 0.01ETH 포함하여 0.03ETH입니다.

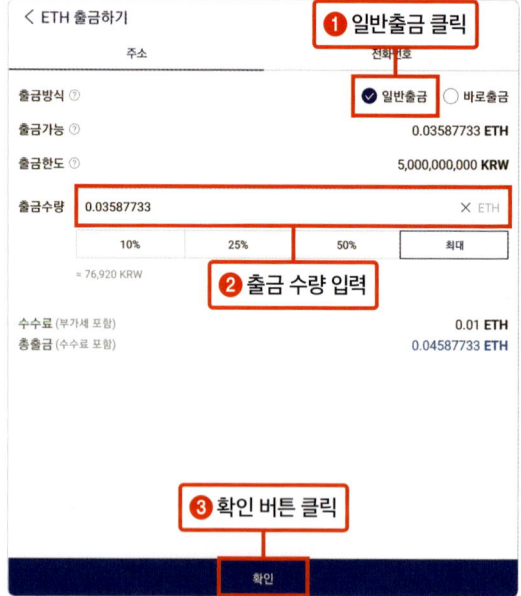

5 100만 원 이상 출금 시에는 업비트와 연동된 거래소 혹은 등록된 개인 지갑으로만 출금 신청이 가능합니다. 개인 지갑을 클릭한 후, 등록된 메타마스크 주소를 선택합니다. 주의 사항 동의에 체크하고, 하단에 있는 출금 신청 버튼을 눌러주세요.

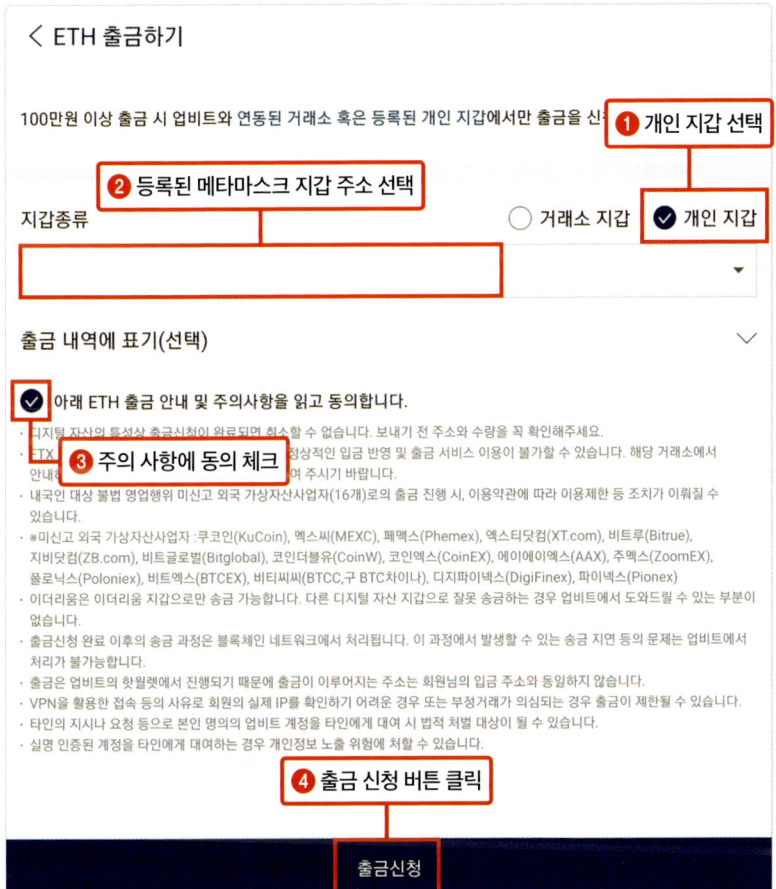

6️⃣ 100만 원 미만은 등록되지 않은 주소로도 출금이 가능합니다. 이번에는 직접 주소를 입력해 보겠습니다. 메타마스크에서 주소를 복사한 후, 받는 사람 주소에 붙여 넣습니다. 주의사항에 체크하고, 출금 신청 버튼을 클릭합니다.

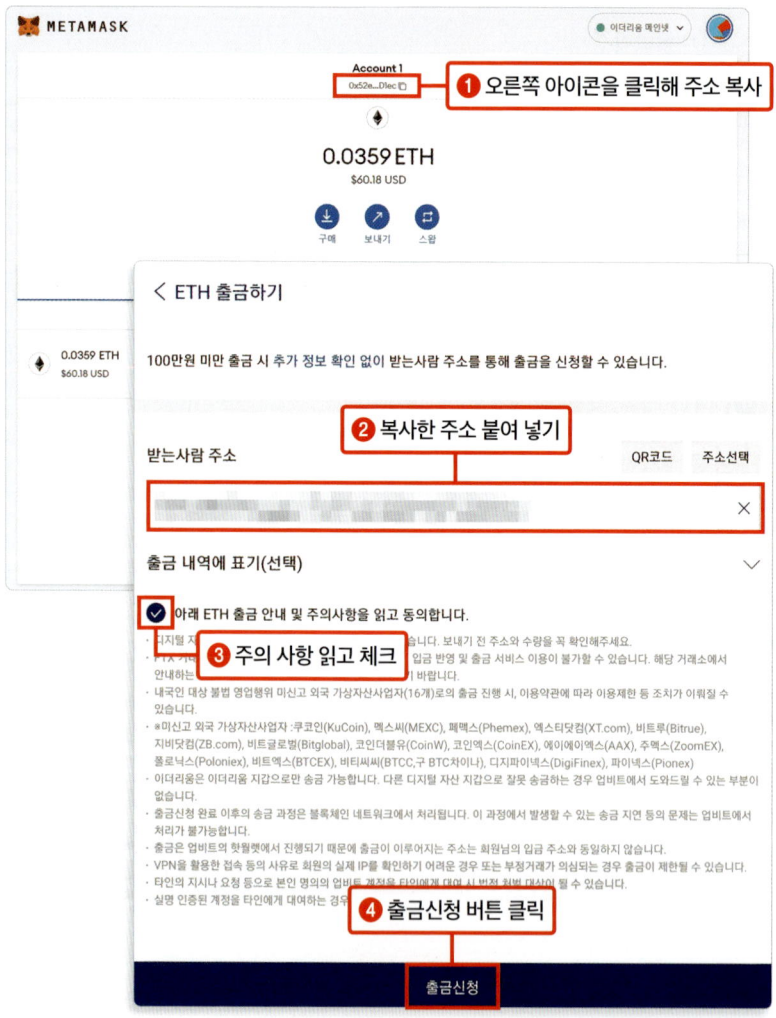

7 QR 코드를 활용할 수도 있습니다. 메타마스크 지갑에서 오른쪽 상단의 점 3개를 선택한 후, 계정 세부 정보를 클릭합니다.

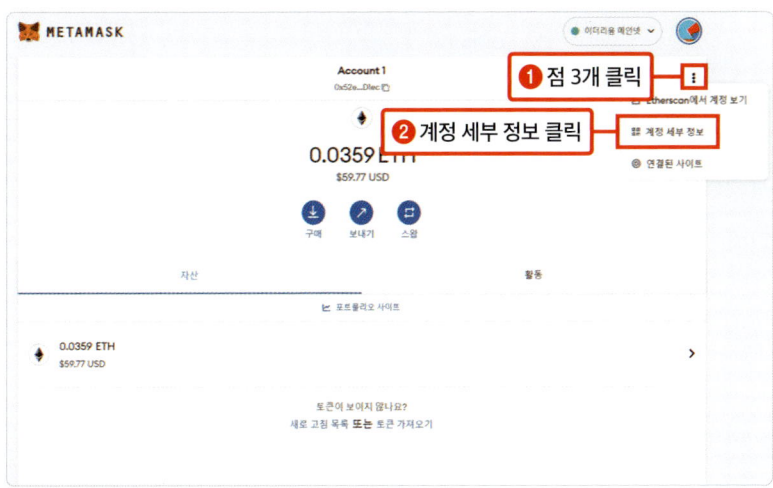

8 QR 코드가 생성되었습니다.

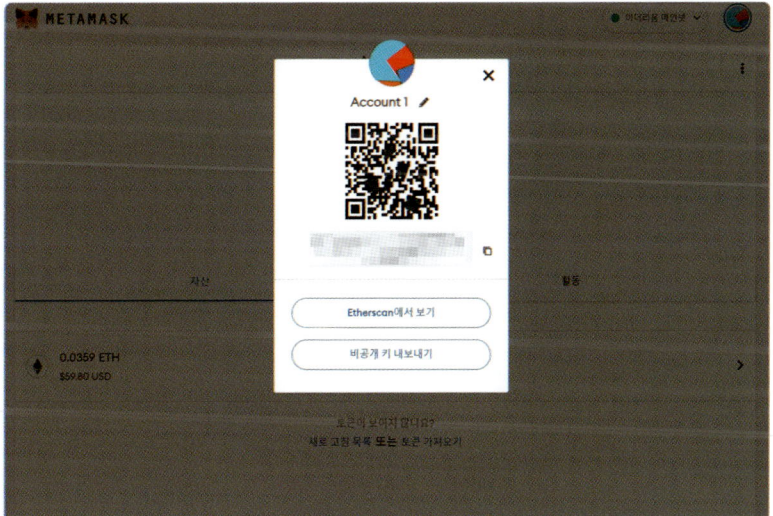

PART 2 | 암호화폐 지갑 만들기 & 거래 내역 확인하기

9️⃣ 업비트로 돌아와 QR 코드를 클릭합니다. 활성화된 카메라로 ⑧의 QR 코드를 스캔하면 지갑 주소가 자동으로 입력됩니다.

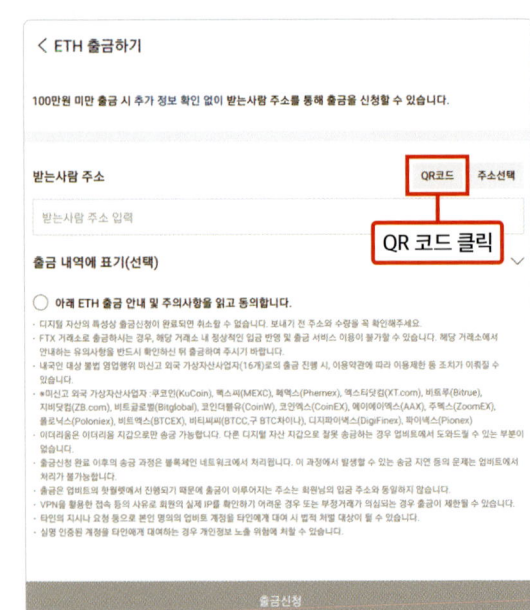

🔟 등록된 주소 or 직접 등록 or QR 코드 활용으로 주소가 입력되면 2채널 인증 (ex.카카오페이 인증)을 진행합니다.

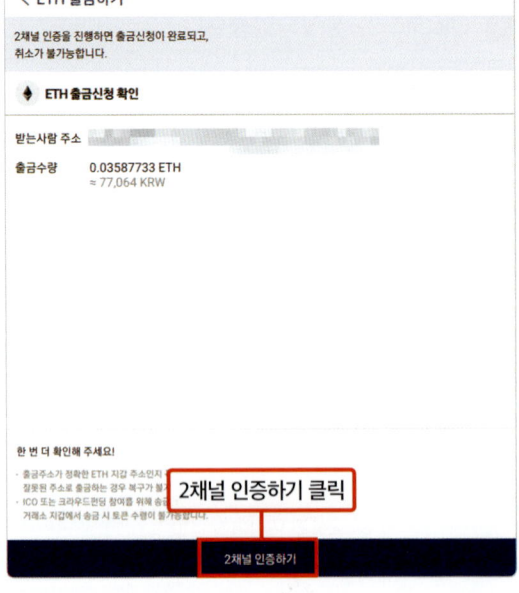

11 입출금 → 이더리움 탭에서 진행 상태를 확인할 수 있습니다.

12 출금이 완료되면, 메타마스크 자산 항목에서 이더리움을 확인할 수 있습니다.

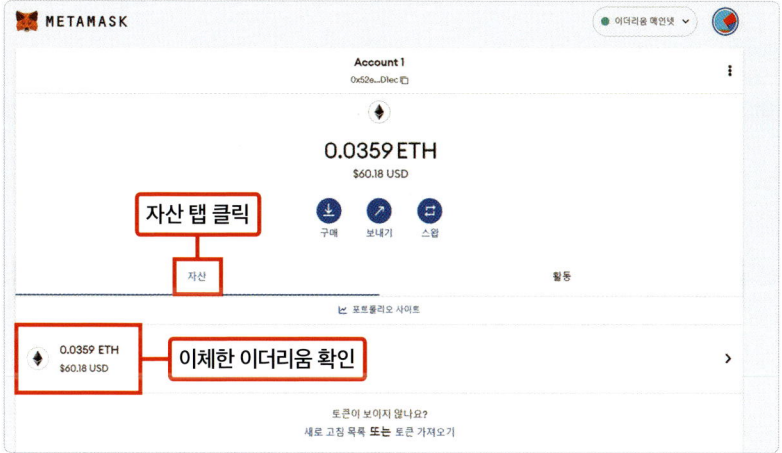

메타마스크의 자산을
업비트로 보내기

디앱 서비스를 이용하기 위해 업비트의 자산을 메타마스크로 옮기는 법을 배웠습니다. 그럼 반대로 디앱 서비스 이용한 후, 메타마스크의 자산을 업비트로 보내려면 어떻게 해야 할까요? 지금부터 그 과정을 자세히 알려드리겠습니다.

주의할 점은 업비트를 비롯한 국내 가상화폐 거래소가 입/출금을 지원하는 토큰이 정해져 있다는 것입니다. 따라서 입출금을 지원하는 토큰으로 교환한 후에 국내 거래소로 보내야 합니다. 책에서는 이더리움(ETH)으로 설명드리겠습니다.

❶ 업비트 웹사이트 상단의 로그인 버튼을 클릭합니다. 그럼 QR 코드가 뜹니다.

❷ 업비트 모바일 앱을 켭니다. 하단에 내 정보 탭에서 우측 상단의 스캐닝 버튼을 클릭하고, 휴대폰 카메라로 PC 창에 떠 있는 QR 코드를 스캔하면 로그인 됩니다.

3 상단의 입출금 탭을 클릭합니다.

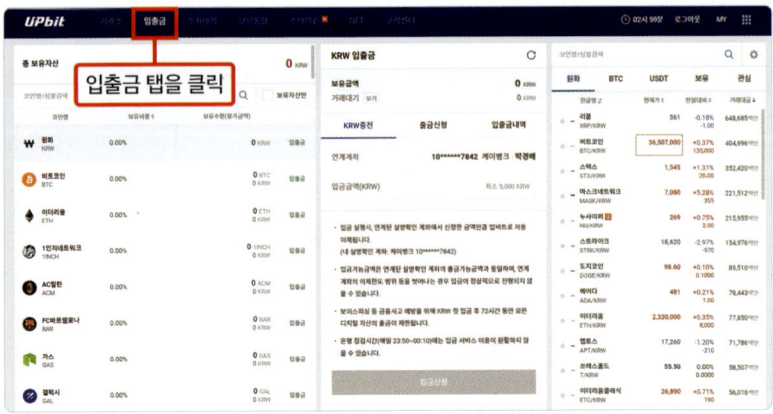

4 이더리움을 선택하면 오른쪽과 같은 주의 사항 안내 팝업이 뜹니다. 자세히 읽어본 후, 확인 버튼을 누릅니다.

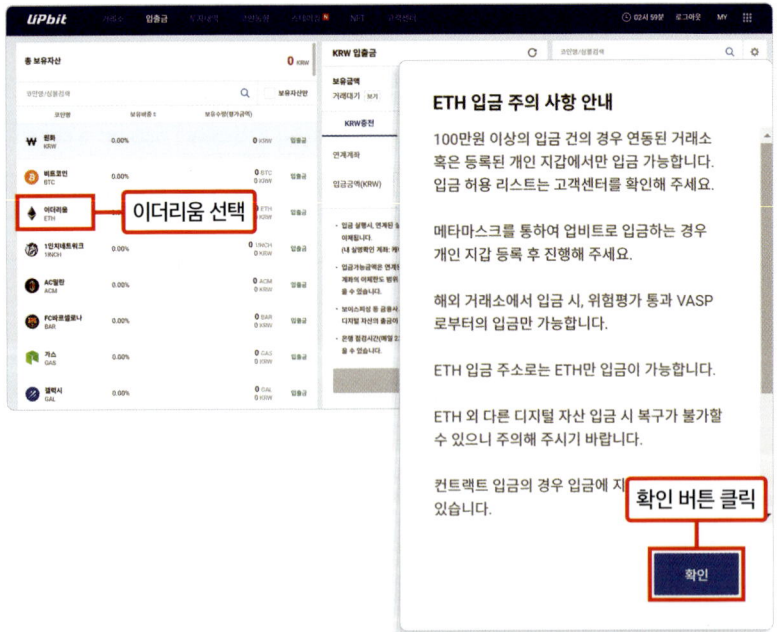

5️⃣ 오른쪽에 내 이더리움 입금 주소(입금 전용)가 뜨면 복사 버튼을 누릅니다.

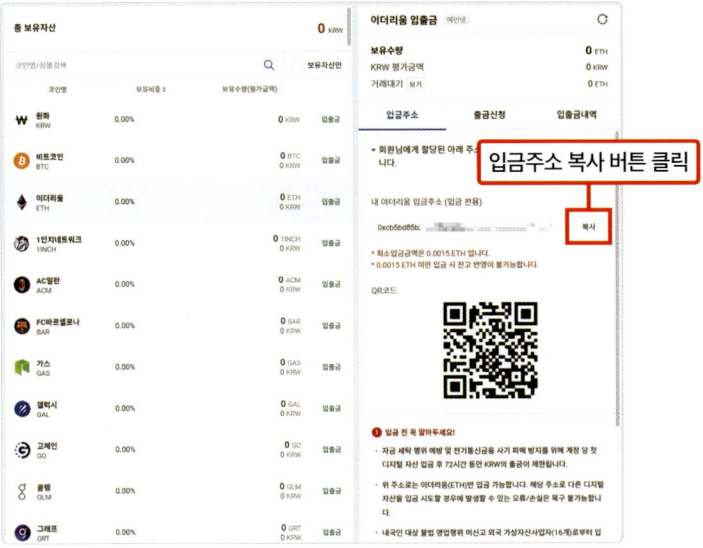

6️⃣ 메타마스크 지갑에서 보내기 버튼을 클릭합니다.

PART 2 | 암호화폐 지갑 만들기 & 거래 내역 확인하기

7 복사한 이더리움 입금 주소를 붙여 넣습니다. 이체할 수량을 입력하고 예상 가스비(예상 거래 수수료)를 확인한 후, 하단에 다음 버튼을 클릭합니다.

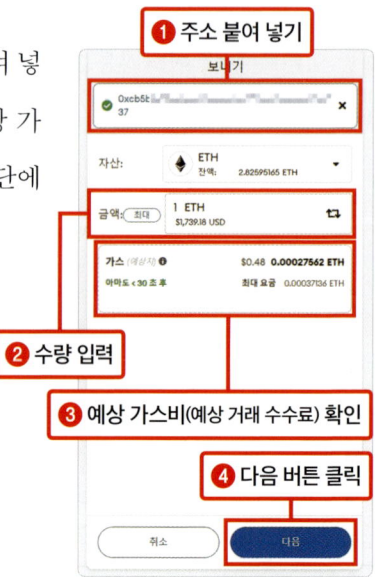

8 세부 내역을 다시 한번 확인하고, 하단에 확인 버튼을 클릭하면 이체가 완료됩니다. 업비트 입출금 탭에서 이더리움을 클릭하면 진행 상황을 확인할 수 있습니다. 입금이 완료될 때까지 몇 분 이상이 소요될 수 있으니 천천히 기다려주세요.

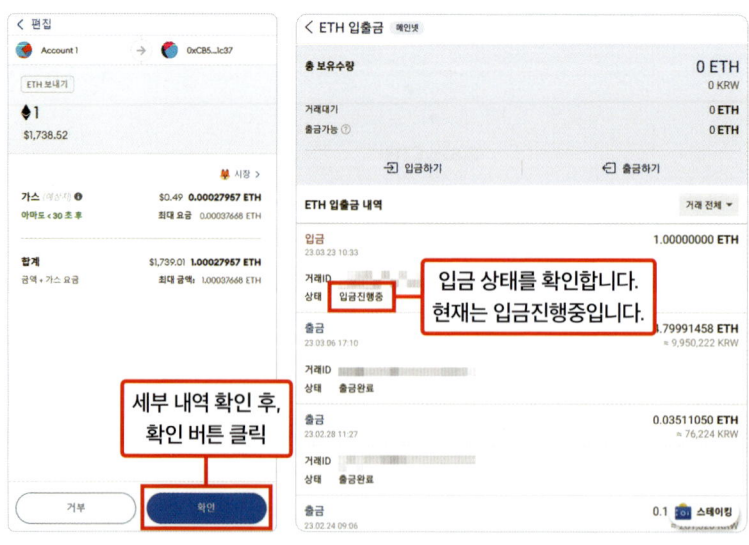

74 　디파이 투자, 지금은 공부가 필요합니다

이더스캔 화면 이해하기

이더스캔이란?

금융거래 기록을 확인해야 할 때, 우리는 통장 거래 내역을 먼저 봅니다. 그렇다면 탈 중앙화 금융의 거래 기록은 어디서 확인할 수 있을까요? 블록체인에서 일어나고 있는 모든 거래 활동을 조회할 수 있는 웹사이트, 블록체인 탐색기(Blockchain Explorer)를 보면 됩니다. 블록체인 네트워크마다 서로 다른 탐색기를 가지고 있는데, 이더리움 네트워크의 공식 블록체인 탐색기는 이더스캔(etherscan.io)입니다. 이더스캔에서 이더리움 네트워크 내의 모든 거래 조회, 지갑 정보 조회, 이더리움 네트워크 기반으로 발행된 토큰들의 정보를 탐색할 수 있습니다.

네트워크	탐색기
이더리움 네트워크	이더스캔(etherscan.io)
바이낸스 스마트체인(BSC)	BSC스캔(bscscan.com)
폴리곤 네트워크	폴리곤스캔(polygonscan.com)
아발란체 네트워크	스노우트레이스(snowtrace.io)

네트워크에서 이루어지는 모든 활동에는 네트워크 수수료가 발생합니다. 이 비용은 네이티브 코인으로 차감되는데,* 적게는 몇 천원에서 많게는 몇 만원으로 결코 적지 않습니다. 비용 체크를 하지 않으면 가랑비에 옷 젖듯 예상보다 큰 비용을 쓰게 됩니다. 따라서 디파이 세계를 공부하는 사람이라면, 매 거래마다 블록체인 탐색기에서 비용을 체크하는 습관을 들이는 것이 좋습니다. 그럼 지금부터 이더리움 네트워크의 블록체인 탐색기인 이더스캔 화면 보는 법을 자세히 알려드리겠습니다.

이더스캔 화면 보는 법

1 이더스캔에 접속합니다. 메인 페이지의 구성을 살펴보겠습니다.

---

* 네트워크에서 발생하는 수수료는 해당 네트워크의 네이티브 코인으로만 결제가 가능합니다. 네트워크마다 네이티브 코인이 다른데, 이더리움 네트워크는 ETH, 바이낸스 스마트체인은 BNB, 트론 네트워크는 TRX 코인을 사용합니다.

거래자가 거래 신청을 하면, 채굴자는 거래 데이터를 블록에 담고 체인에 연결하는 작업을 합니다. 이때, 거래자는 작업의 대가로 채굴자에게 수수료를 지불합니다. 이것이 블록체인이 작동하는 방식입니다. ❶ 왼쪽 하단 탭 최근 블록(Latest Block)은 채굴된 블록 목록을 보여줍니다. 가장 최근에 채굴된 블록(Bk)에는 117개의 거래(txns)가 담겨 있음을 알 수 있습니다. ❷ 최근 거래(Latest Transaction) 탭은 최근에 요청된 거래 정보를 보여줍니다. 개별 거래를 식별할 수 있도록 숫자와 문자를 섞어 만든 해시 값인 트랜잭션* 해시(Tnx Hash)를 고유 이름으로 사용하는 것을 볼 수 있습니다.

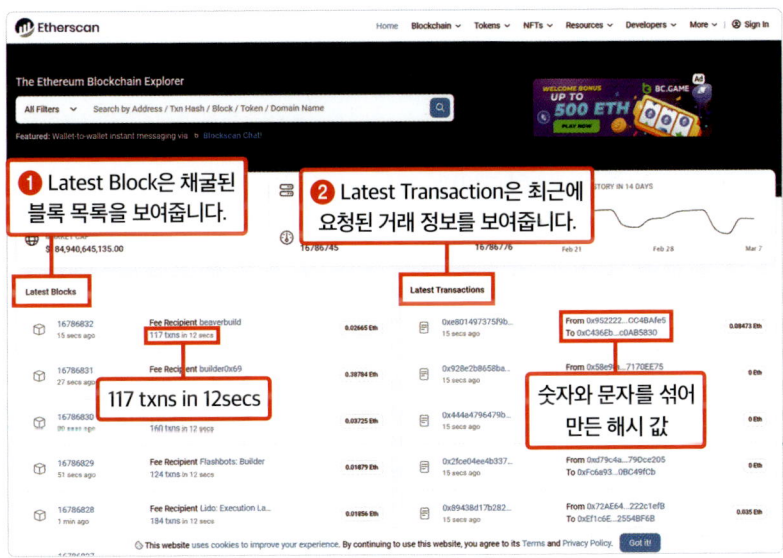

---

* 트랜잭션이란 거래를 의미합니다.

PART 2 | 암호화폐 지갑 만들기 & 거래 내역 확인하기

2 지갑에서 일어난 거래 내역을 살펴보겠습니다. 검색창에 내 메타마스크 지갑 주소를 입력합니다.

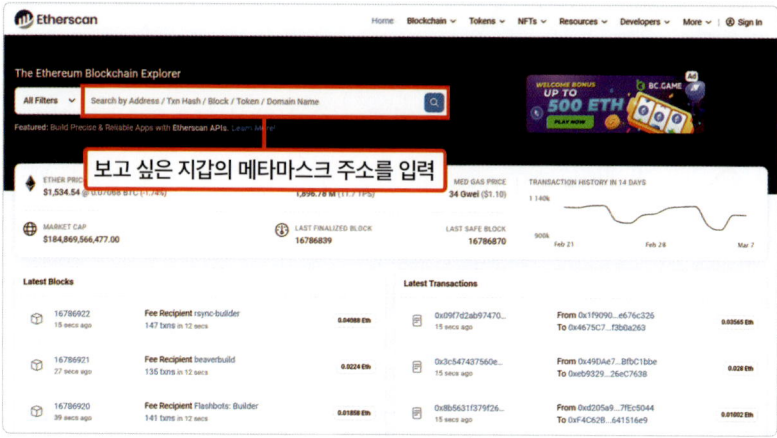

3 트랜잭션(Transactions) 탭을 클릭하면 그동안 지갑 내의 자산이 어떻게 움직였는지를 볼 수 있습니다. 특정 거래 정보를 더 자세히 알고 싶다면, 해당하는 트랜잭션 해시(Txn Hash)를 클릭해 주세요.

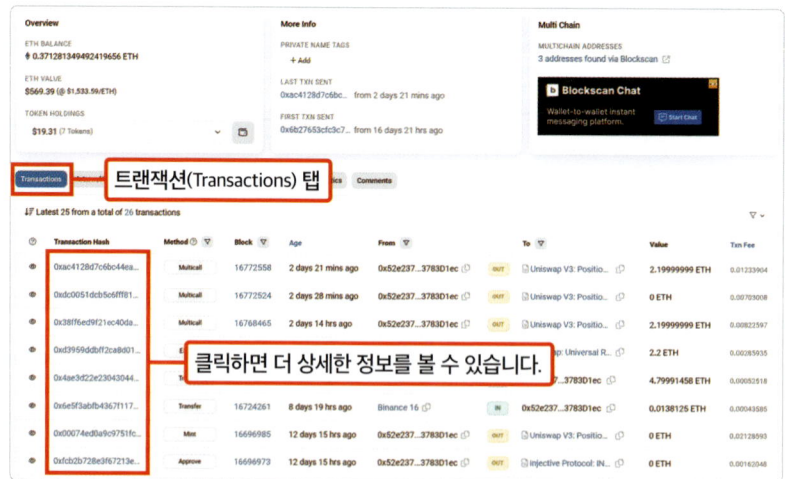

4️⃣ 아래와 같은 상세 페이지가 나옵니다. 꼭 알아야 할 개념들을 정리해 보겠습니다.

- 상태(Status): 거래 전송 상태를 의미합니다. 거래 요청을 해도 채굴이 완료되기 전까지는 대기(Pending)가 표시됩니다. 채굴이 완료되면 성공(Success)이 표시됩니다. 이를 통해 내 거래가 무사히 완료되었는지를 알 수 있습니다.
- From, To의 주소: 자산이 이동한 경로입니다. 특정 스마트 컨트랙트에 돈을 예치했다면 From에는 내 지갑 주소가, To에는 해당 스마트 컨트랙트의 고유 주소가 기록됩니다. 이를 통해 어디에서 어디로 코인이 이체(전송) 되었는지를 알 수 있습니다.
- Transaction Fee: 네트워크 이용 수수료를 의미합니다. 네트워크에서 발생하는 비용은 거래 시점에 따라 수시로 변합니다. 지금 꼭 해야 하는 급한 활동이 아니라면, 수수료가 저렴한 타이밍에 하는 게 더 낫겠죠?

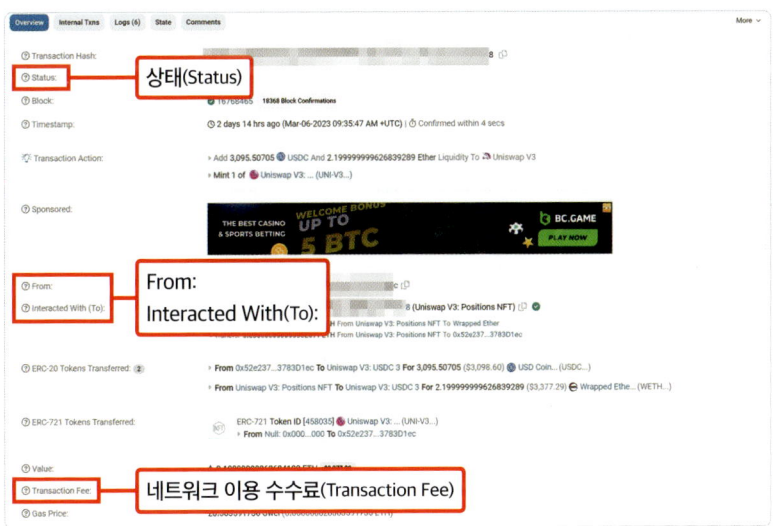

5 이더스캔에서 예상 네트워크 수수료를 확인하는 법을 알려드리겠습니다. 오른쪽 상단에 More를 클릭한 후, Explore에서 Gas Tracker를 선택합니다.

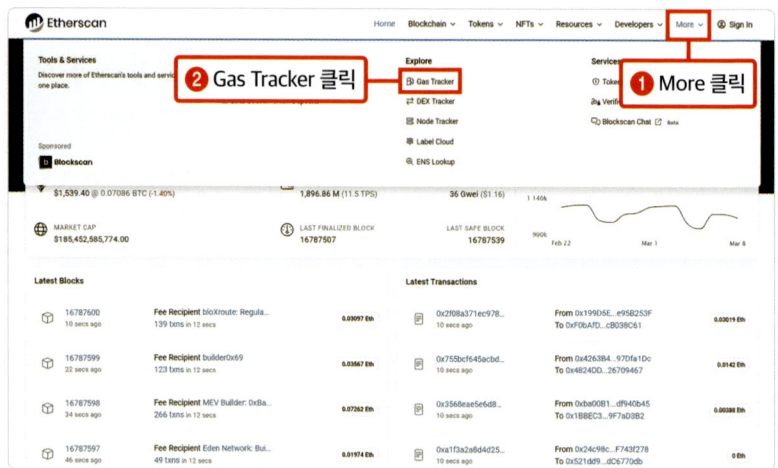

6 실시간으로 변하는 네트워크 수수료(가스비)를 볼 수 있습니다.

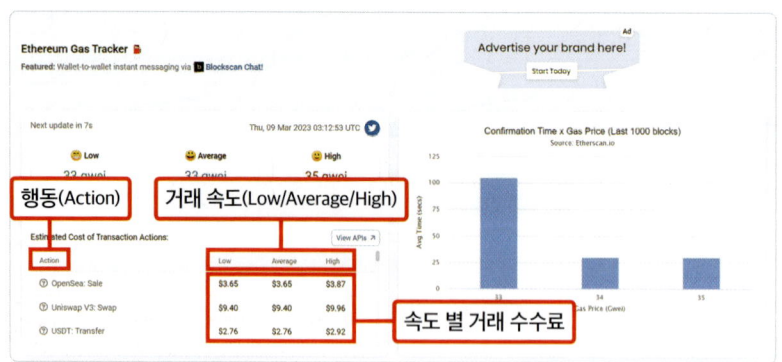

메타마스크 지갑을 만들고, 이더스캔을 통해 거래 내역을 확인하는 것까지 배웠습니다. 이제 실전 투자를 해봐야겠죠? 탈 중앙화 거래소인 덱스부터 시작해 보겠습니다.

탈 중앙화 거래소
- 덱스

PART 3

1. 덱스의 특징
2. 유니스왑 살펴보기
3. 유니스왑에서 토큰 교환하기
4. 유동성 공급하고 수수료 수익 얻기
5. 실전투자로 더 깊게 이해하기

덱스의 특징

디파이는 예금, 대출, 파생상품 투자 등 여러 분야에서 발전하고 있습니다. 이 책에서는 디파이의 대표적인 서비스 분야 세 가지를 다룰 예정인데요, 그 첫 번째가 바로 탈 중앙화 거래소(Decentralized Exchange), 덱스입니다. 덱스는 중앙화된 주체 없이 커뮤니티를 기반으로 운영되는 암호화폐 거래소를 총칭합니다. 사용자는 덱스에서 토큰을 교환하거나 토큰을 공급하고 보상을 받을 수 있습니다. 덱스는 크게 두 가지 특징을 갖습니다.

첫째, 거래소의 수수료 수익이 시장 참여자에게 분배됩니다. 기존 금융 시스템에서는 사용자가 지불하는 거래 수수료 수익을 중앙화된 운영 주체가 모두 갖습니다. 반면 덱스는 참여자가 기여한 만큼 거래 수수료 수익을 공정하게 분배합니다. 어떤 방식으로 분배하는지는 뒤에서 자세히 설명드리겠습니다.

둘째, 중앙화된 주체의 검열을 받지 않습니다. 기존 금융 서비스는 금융 실명제 법에 따라 사용자에게 본인인증을 요구합니다. 또, 개인신용평가 제도가 있어 누군가는 금융 거래에 제약을 받습니다. 그러나 덱스는 특정 중앙 주체의 검열 없이 운영되므로 누구나 익명으로 서비스를 이용할 수 있고, 토큰의 상장 여부도 사용자가 직접 결정합니다.

유니스왑 살펴보기

덱스 서비스를 제공하는 대표적인 디앱으로는 유니스왑(Uniswap)이 있습니다. 유니스왑은 거래 방식이 중앙화된 거래소와는 조금 다릅니다. 업비트의 원화(KRW) 마켓에서는 원화로 토큰을 매수하거나 토큰을 매도하고 원화를 받지만, 유니스왑에서는 두 토큰을 교환하는 방식으로 거래가 이루어집니다. 이를 이해하기 위해서는 먼저 유니스왑의 구조를 알아야 합니다.

유니스왑의 구조

유동성 풀이란?

유니스왑의 거래는 유동성 풀(Liquidity Pool)을 기반으로 합니다. 유동성 풀이란 무엇일까요? 비유를 들어 보겠습니다. A와 B 토큰이 반반씩 수영장에 가득 차 있습니다. 우리는 이 수영장을 A-B 풀이라고 부릅니다. 그리고 이 풀에 토큰을 공급한 사람들을 유동성 공급자(Liquidity Provider, LP) 라고 합니다. 이 A-B 풀을 이용해 누구나 간편하게 토큰을 교환해 갈 수 있습니다. A 토큰을 가지고 있는 사람은 B 토큰이 필요할 때 유동성 풀에 A 토큰을 넣고, 정해진 교환비율대로 B 토큰을 가져갈 수 있습니다. 반대의 경우도 마찬가지입니다. 스마트 컨트랙트로 만들어진 유동성 풀에서 토큰의 가격 결정부터 거래가 체결되는 모든 과정이 프로그래밍된 코드에 따라 이루어지기 때문에 중간 관리자 없이 토큰을 교환할 수 있습니다.

그런데 유동성 공급자들도 무언가 이득이 있어야 자신의 토큰을 기꺼이 유동성 풀에 넣어주겠죠? 그래서 유니스왑은 유동성을 공급하는 사람에게 거래 수수료를 비율대로 분배해주고 있습니다. 유동성 공급자는 수수료 수익을 얻을 수 있어 좋고, 유니스왑은 유동성 풀을 채울 수 있어서 서로 윈윈인 셈입니다. 앞에서 덱스의 특징 중 하나로 설명한 참여자에게 기여한 만큼 거래 수수료를 공정하게 분배하는 것이 바로 이 내용입니다.

교환 비율은 어떻게 정해질까?

누구나 유동성 풀에서 정해진 교환비율대로 토큰을 바꿀 수 있습니다. 이때 교환비율은 자동화 시장 메이커(Automated Market Maker, AMM)에 의해 결정이 됩니다. 자동화 시장 메이커는 토큰 가격을 정하는 수학 공식입니다. 가장 대표적으로는 x*y=k 공식이 있습니다. 여기서 x와 y는 두 토큰 각각의 수량이며 k는 항상 일정한 값 즉, 상수입니다. 이 공식에서 핵심은 k 가 일정하게 유지된다는 것입니다. 예를 들어 보겠습니다.

사과와 감자가 각각 500개씩 담겨있는 유동성 풀이 있습니다. 현재의 교환 비율은 1:1입니다. 이제 500(감자 수량) * 500(사과 수량) = 250,000(k) 라는 공식에 따라 교환 비율이 어떻게 달라지는지 보겠습니다.

첫 번째 거래자 A가 왔습니다. 감자 70개를 사과로 교환하려고 하는데 몇 개의 사과를 가져갈 수 있을까요? 감자(x)*사과(y) = 250,000(k)을 고정하고 역으로 계산하면 거래자 A는 사과를 약 61.4개 받아 갈 수 있습니다.

감자 500개 + 70개 = 570개

570*y = 250,000

y=438.6

500-438.6 = 61.4

이어서 두 번째 거래자 B가 왔습니다. 감자는 570개가 있고, 사과는 438.6개가 있는 상황에서, A와 동일하게 감자 70개를 사과로 교환하려고 합니다. 몇 개의 사과를 가져갈 수 있을까요? 감자(x)*사과(y) = 250,000(k)을 고정하고 역으로 계산하면 B는 약 48개의 사과를 받아 갈 수 있습니다.

감자 570개 + 70개 = 640개

640*y = 250,000

y=390.6

438.6-390.6 = 48

거래자 A와 B는 동일하게 70개의 감자를 공급했지만 B가 더 적은 양의 사과를 받았습니다. 왜 그럴까요? A가 거래할 때는 유동성 풀에 사과와 감자가 각각 500개로 동일하게 있었지만, B가 거래할 때는 감자 570개, 사과 438.6개로 사과가 부족했습니다. 즉, B는 사과의 수량이 부족해 가치가 올라간 상태에서 거래를 한 것입니다. 만약 이후 거래하는 C와 D가 감자를 사과로 바꾸려 한다면 더 적은 양의 사과를 받아 갈 수 밖에 없습니다.

이런 식으로 계속 교환이 일어나면 사과가 다 없어지지 않을까요? 걱정하지 않아도 됩니다. 이 상황에서 감자를 사과로 바꾸면 소량의 사과만 받아 갈 수 있지만, 반대로 사과를 감자로 바꾸면 많은 양의 감자를 얻을 수 있습니다. 사과를 가지고 있는 사람들 입장에서는 감자를 많이 얻을 수 있는 기회이므로 유동성 풀에 사과 공급이 점점 늘어나게 됩니다.

이렇게 자동화 시장 메이커는 수요와 공급의 법칙에 따라 토큰 양이 일정하게 유지되도록 조절하고 있습니다. 물론, 실제로는 이것보다 훨씬 복잡한 매커니즘으로 작동되지만 거래가 목적인 우리는 이 정도만 알고 있어도 충분합니다.

유니스왑의 단점

유니스왑은 탈 중앙화를 구현한 거래소로서 디파이 생태계 내에서 아주 중요한 역할을 한 디앱입니다. 그러나 경제적인 면에서 항상 유리한 거래소라고 말하기는 어렵습니다. 왜 그럴까요?

수수료 비용

중개인이 없는 탈 중앙화 거래소가 수수료 면에서 항상 유리할 것이란 생각은 오해입니다. 유니스왑에서 10만 원 상당의 이더리움(ETH)을 비트코인(BTC)로 교환한다고 해봅시다. 먼저, 0.3%*인 300원이 거래 수수료로 지불됩니다. 그다음 네트워크 수수료(가스비)가 추가로 발생합니다. 네트워크 수수료는 거래 금액과 상관없이 거래 시점의 해당 네트워크의 트래픽과 거래 방식의 복잡도에 따라 실시간으로 정해지는데, 적게는 몇 천 원에서 많게는 몇 만 원까지 발생합니다. 네트워크 수수료가 20,000원이라 가정하면, 총 20,300원이 수수료로 차감됩니다. 반면 업비트는 거래 수수료 0.25%만 부과합니다. 거래 조건에 따라 중앙화된 거래소를 이용하는 것이 더 나을 수도 있습니다.

---

* 0.01~1%까지 유동성 풀마다 수수료 조건이 상이합니다.

슬리피지 위험과 프라이스 임팩트

주문 가격과 체결 가격 사이에 차이가 생기는 것을 슬리피지(Slippage)라고 합니다. 유니스왑에서는 의도했던 가격보다 불리하게 체결되는 부정적인 슬리피지(Negative Slippage)가 발생할 수 있습니다. 감자-사과 유동성 풀로 다시 돌아가 보겠습니다. 거래자 A가 감자 70개를 유동성 풀에 넣고 사과 61.4개를 받아 가려 했는데, 그 사이에 거래자 B가 먼저 감자 70개를 넣었습니다. 이 경우 61.4개의 사과를 기대했던 거래자 A는 48개의 사과만을 받게 됩니다. 13.4개(61.4-48) 만큼 부정적인 슬리피지가 발생한 것입니다.

유동성이 적은 풀에서 대량의 토큰을 거래할 경우, 자신의 거래 물량으로 인해 토큰 교환 비율이 크게 흔들려 의도한 가격보다 불리한 가격으로 거래가 체결될 수 있습니다. 이를 프라이스 임팩트(Price Impact)라고 합니다. 예를 들어, 감자 500개와 사과 500개가 들어있는 유동성 풀 내에서 거래자 A가 갑자기 한 번에 감자 300개를 사과로 교환하면 교환 비율이 감자(800) : 사과(31.25)로 바뀌면서 매우 적은 수량의 사과만을 받게 됩니다.

유니스왑의 단점만 보면, 굳이 이용할 필요가 없을 것 같다는 생각도 듭니다. 그럼에도 불구하고 왜 사람들은 유니스왑을 이용하는 걸까요? 유니스왑에서는 중앙화된 거래소에 상장되어 있지 않은 비주류 토큰을 익명으로 거래할 수 있습니다. 또, 토큰과 토큰을 맞교환하는 방식이기 때문에 편의성이 높습니다. 예를 들어 이더리움(ETH)을 보유 중인데, 리플

(XRP)을 사고 싶으면 중앙화된 거래소에서는 이더리움을 팔아서 원화를 확보한 다음, 원화로 다시 리플을 매수해야 합니다. 하지만 유니스왑에서는 이더리움을 바로 리플로 교환할 수 있습니다. 거래 단계가 줄어 더 간편합니다. 그리고 탈 중앙화 금융 이용자는 수수료에 연연하지 않고, 계속 탈 중앙화 금융에 머물러 있는 경우가 많습니다. 중앙화된 거래소로 자산을 보냈다가 다시 탈 중앙화 거래소로 옮기는 과정에서 자산을 잃어버릴 수 있기 때문입니다. 옮기는 사이에 가격이 변동할 수도 있고요. 이렇게 다양한 이유로 많은 사람들이 유니스왑을 이용하고 있습니다.

유니스왑에서
토큰 교환하기

이론을 배웠으니, 이제 유니스왑에서 토큰을 교환하고 유동성을 공급해 수수료 수익을 얻는 과정을 실습해 보겠습니다. 물론, 그 전에 한 가지 해야 할 일이 있는 건 아시죠? 네, 맞습니다. 디앱을 이용하기 위해서는 암호화폐 지갑인 메타마스크를 먼저 연결해야 합니다.

유니스왑에 메타마스크 지갑 연결하기

지금부터 유니스왑에 메타마스크를 연결하는 과정을 보여드릴 텐데요, 다른 디앱과 메타마스크를 연결하는 과정 역시 크게 다르지 않답니다!

1 크롬 브라우저를 통해 유니스왑(app.uniswap.org)에 들어갑니다. 우측 상단에 있는 연결하다(Connect)를 클릭합니다.

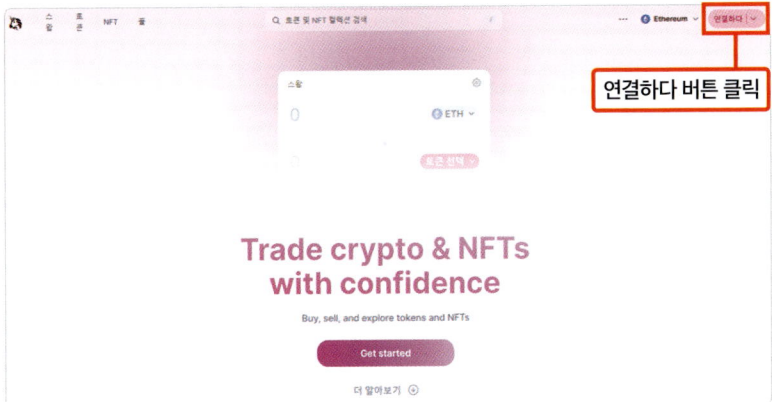

2 지갑 연결을 클릭합니다.

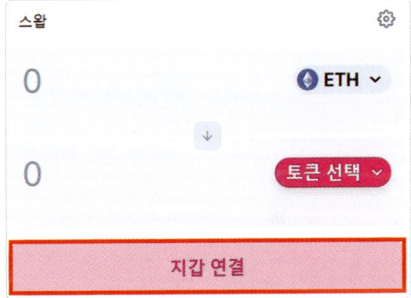

3 연결할 지갑인 MetaMask를 선택합니다.

4 메타마스크 지갑 페이지에 들어가면 아래와 같은 화면이 뜹니다. 다음을 클릭합니다.

5 연결을 클릭합니다.

6 유니스왑 우측 상단에 메타마스크 지갑이 연결된 것을 확인할 수 있습니다.

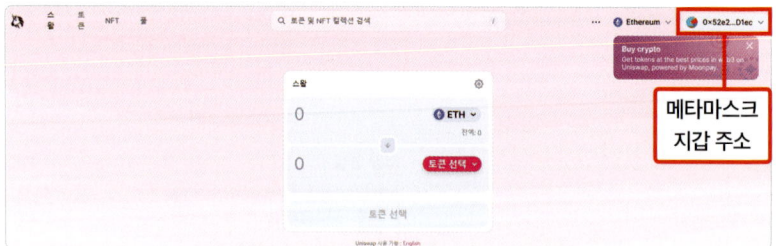

7️⃣ 우측 상단 컴퓨터 전원 버튼을 클릭하면 연결을 해제할 수 있습니다.

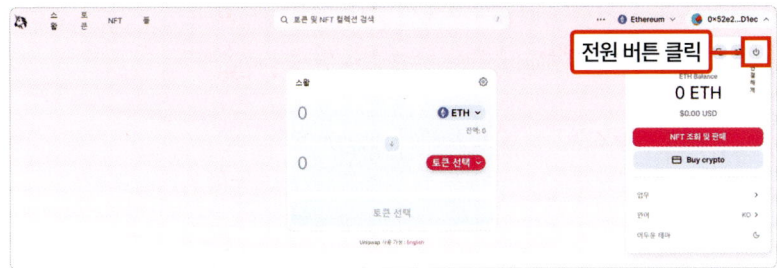

토큰 교환하기

메타마스크 지갑에 들어 있는 이더리움(ETH)을 USDC 토큰으로 교환해 보겠습니다. 토큰 교환 거래는 스왑(Swap)이라고 합니다. 실전에 익숙해지도록 앞으로의 토큰 교환 거래는 모두 스왑이라 부르겠습니다.

1️⃣ 유니스왑에 접속합니다. 왼쪽과 같은 스왑 화면이 나오면, 첫째 줄에서 ETH를 선택하고 스왑하고자 하는 수량*을 입력합니다. 둘째 줄에서는 USDC를 선택합니다. 그럼, 자동으로 ETH를 USDC로 스왑할 때의 교환 비율이 표시가 됩니다. 이제 스왑 버튼을 클릭합니다. 오른쪽 화면에서 네트워크 이용 수수료를 확인한 후, 스왑 확인 버튼을 누르면, 트랜잭

---

* 이더리움 네트워크 수수료로 지불할 ETH가 남아있어야 하니 일부는 지갑에 남겨두세요.

션(Transaction)이 최종 요청됩니다.

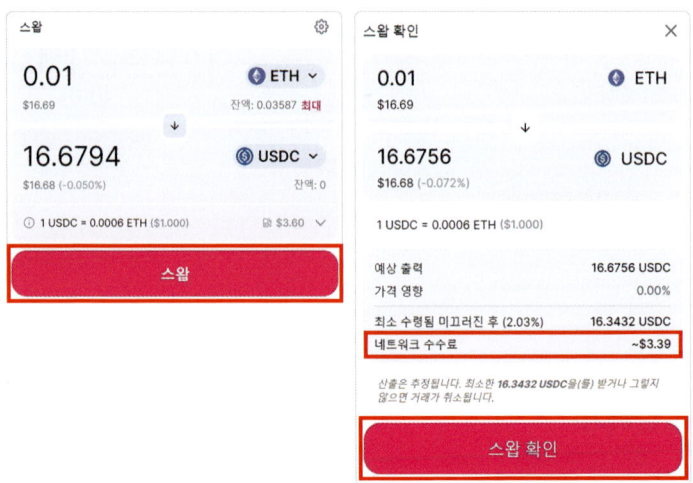

2 화면 오른쪽에 메타마스크 확인 창이 뜨면 가스비를 확인하고, 하단에 확인 버튼을 누릅니다. 첫 거래라면 Approve(접근 승인) 창이 뜰 수 있는데, 승인한 후 이후 과정 진행하면 됩니다. 마지막에 나오는 닫기 버튼을 누르면 스왑이 끝납니다.

3️⃣ 메타마스크로 돌아와서 자산 탭을 클릭합니다. 그런데 이더리움(ETH)만 있고, USDC가 없습니다. 아직 USDC가 메타마스크에 등록되지 않아서 그렇습니다. 가운데에 있는 계정에서 1개의 새 토큰을 찾았습니다를 클릭합니다.

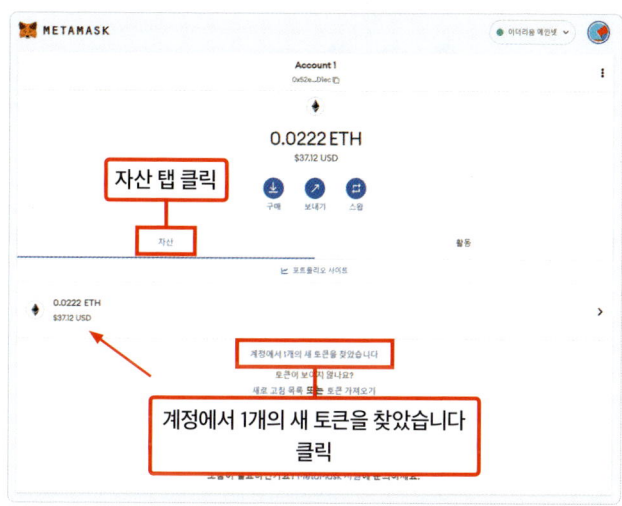

4️⃣ All 불러오기를 클릭합니다.

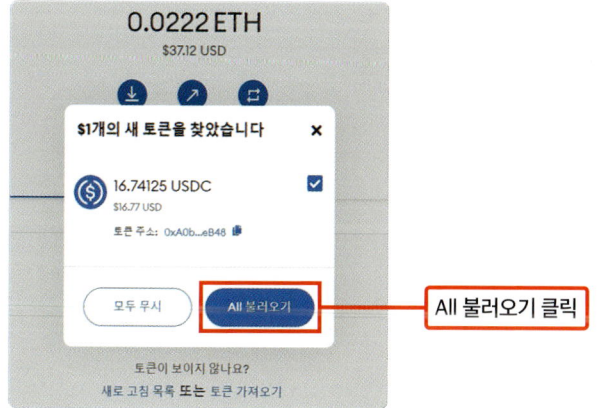

5️⃣ 자산 탭에 USDC가 보이는 것을 확인할 수 있습니다.

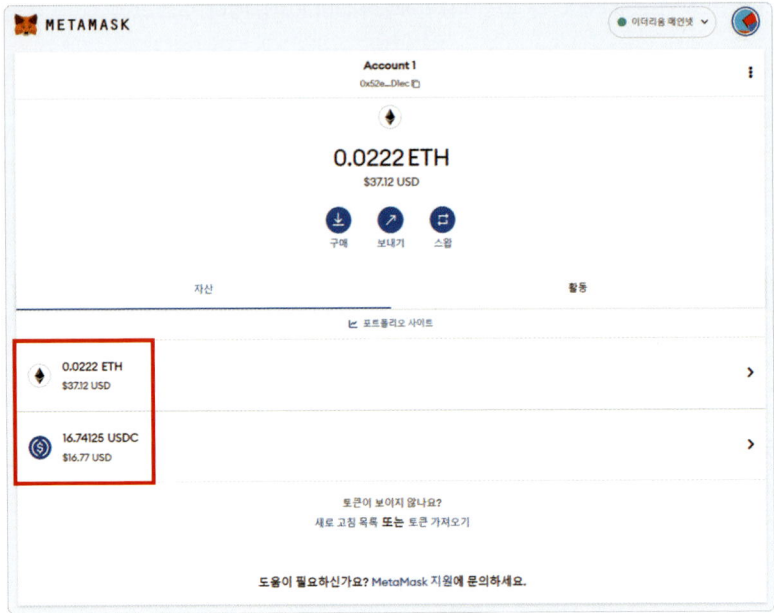

유동성 공급하고
수수료 수익 얻기

유동성 공급자(Liquidity Provider, LP)가 되어 유니스왑에 유동성을 공급하고 수수료 수익*을 얻는 과정을 실습해 보겠습니다.

유니스왑만의 특징

토큰 쌍 공급

유니스왑에 유동성을 공급할 때는 두 개의 토큰을 1:1 비율로 맞춰 쌍으

---

* 여기서의 수수료는 네트워크 수수료가 아닌 유니스왑의 거래 수수료입니다.

로 공급해야 합니다. ETH 토큰 하나만 유동성을 공급하는 것은 안 되고, ETH-USDC, BTC-DAI 이런 식으로 묶어서 공급해야 하는 것이죠. ETH만 가진 사람이 ETH-USDC 유동성을 공급하고 싶다면, 보유 중인 ETH의 절반을 USDC로 스왑하여 ETH와 USDC의 가치 비율을 1:1로 맞춘 후 함께 공급해야 합니다.

범위 지정(집중화된 유동성)

유니스왑에서는 유동성을 공급할 토큰의 가격 범위를 직접 지정할 수 있습니다. 이를 집중화된 유동성(Concentrated Liquidity)이라 합니다. 두 토큰의 가격이 지정된 범위 내에 있을 때는 좀 더 높은 수익을 얻을 수 있지만, 범위를 벗어나면 수익 창출이 멈춥니다. 따라서 가격을 예측해 범위를 잘 지정하는 것이 굉장히 중요합니다. 이 개념은 뒤에 실습에서 좀 더 자세히 설명드리겠습니다.

이제, 위 두 가지 특징을 염두에 두고 ETH-USDC 유동성을 공급해 보겠습니다.

유동성 공급하기

1 상위 풀을 클릭합니다.

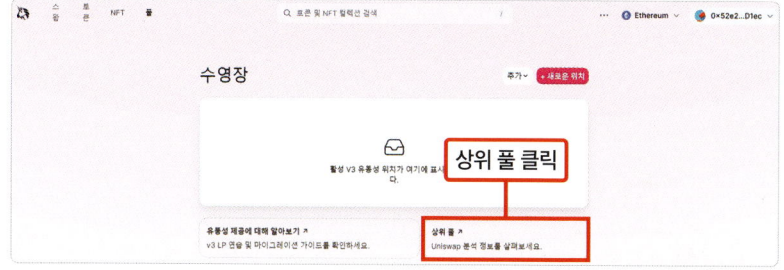

2️⃣ 유동성 공급이 가능한 토큰 쌍의 정보를 볼 수 있습니다. 토큰 쌍 옆에는 0.3%, 0.05% 이런 식으로 수수료 등급이 나와 있습니다. TVL은 해당 유동성 풀에 들어있는 토큰들의 총자산 규모입니다. 이를 통해 유니스왑 내에서 해당 토큰 쌍으로 얼만큼의 유동성이 공급되고 있는지를 알 수 있습니다. 그 옆의 Volume 24H는 해당 풀에서 일어난 스왑 거래의 규모를 의미합니다. 이론 상 스왑이 자주 일어나는 토큰을 공급하면 그만큼 높은 수익을 얻을 수 있지만, 해당 토큰을 공급하는 사람이 많으면 수익이 생각보다 적을 수도 있습니다. 유동성 공급 전까지는 정확히 어느 정도의 수수료 수익이 창출될지 알 수가 없습니다.

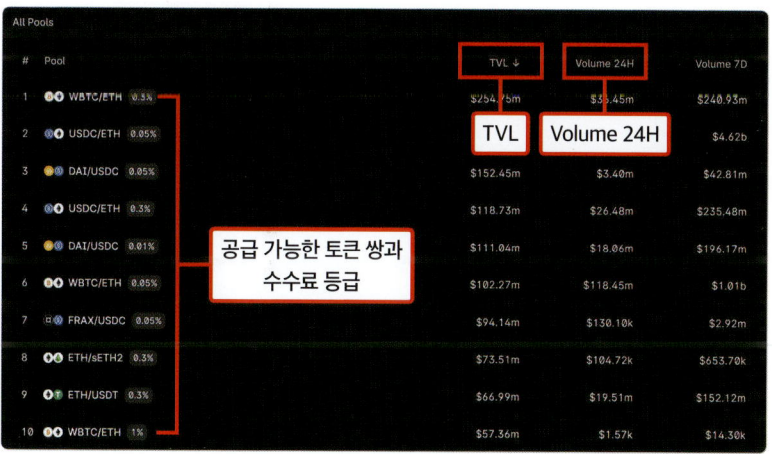

PART 3 | 탈 중앙화 거래소 - 덱스

3 유동성을 공급할 두 가지 토큰을 정했으면 메인 페이지로 돌아와 풀 탭을 선택한 다음, 새로운 위치를 클릭합니다. 책에서는 ETH와 WBTC*로 실습을 해보겠습니다.

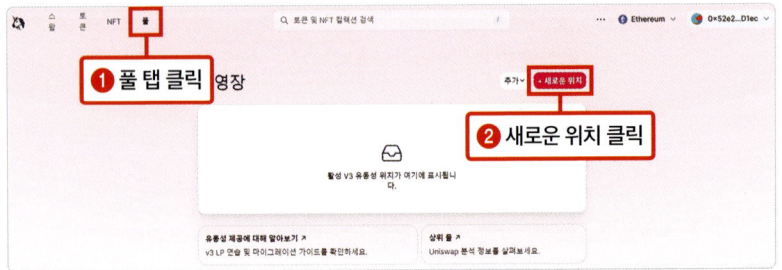

4 토큰 선택을 클릭하면, 오른쪽과 같은 화면이 나옵니다. WBTC를 선택합니다.

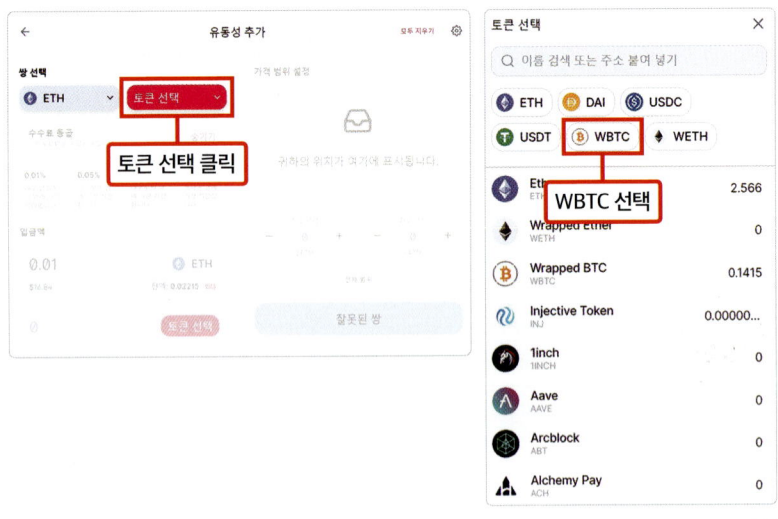

* BTC는 ETH와 네트워크가 달라 그대로 사용할 수 없습니다. 이에 이더리움 네트워크에서 호환이 가능하도록 만든 BTC가 WBTC(Wrapped BTC)입니다. 따라서 WBTC는 BTC와 동일한 가치를 가지며, 큰 틀에서 WBTC = BTC라고 이해해도 무방합니다.

5️⃣ 지급받을 수수료 등급(Fee tier)을 선택합니다. 편집 버튼을 클릭하면, 수수료 등급이 나옵니다. 대부분의 토큰 쌍은 0.3% 수수료를 받는 것이 적합합니다. 거래가 적은 희귀한 토큰이라면 1%를, 스테이블 코인*처럼 거래가 자주 발생한다면 0.01% 또는 0.05%처럼 낮은 수수료율을 선택하는 것이 좋습니다. 애매하면 다른 사람들이 많이 선택한 수수료율을 참고하는 것도 방법입니다.

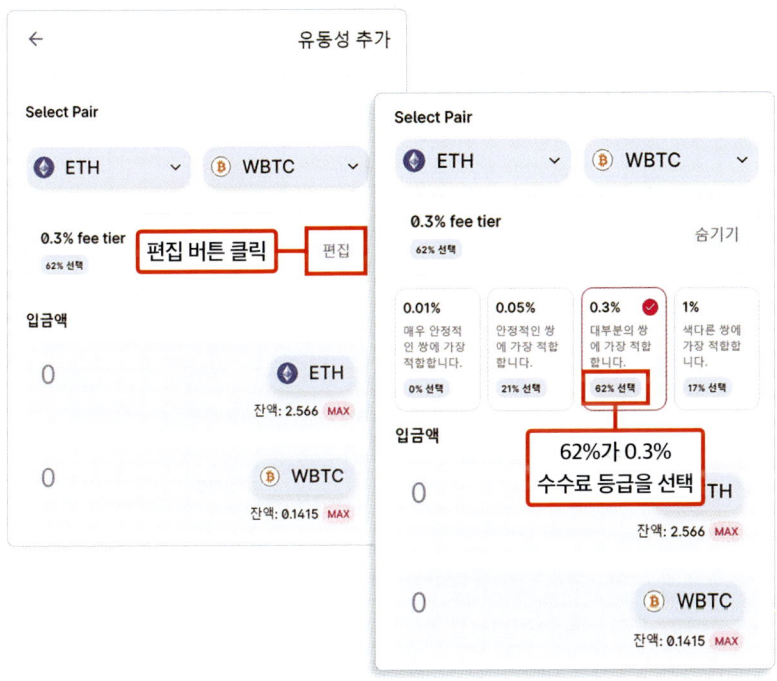

---

* 달러와 같은 법정 화폐에 가치가 연동되는 암호화폐를 말합니다. 즉, 1$ = 1 스테이블 코인입니다. 대표적인 스테이블 코인으로는 USDC, USDT, DAI가 있습니다.

❻ 가격 범위 설정(Set Price Range)을 정합니다. ❶ 상단에 보면, WBTC/ETH 탭이 있는데 ETH 쪽이 활성화되어 있습니다. 그리고 ❷ 현재 가격(Current Price)이 0.0638684 WBTC per ETH라고 나와 있습니다. 이는 ETH 1개에 상응하는 WBTC가 0.0638684개라는 의미입니다.

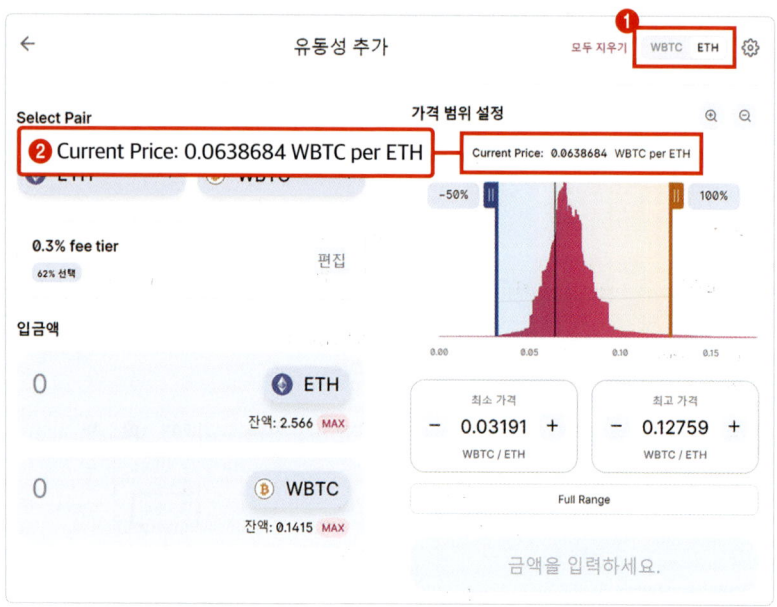

❼ 이번에는 ❶ WBTC를 클릭해 보겠습니다. ❷ 현재 가격(Current Price)이 15.6572 ETH per WBTC로 변경되었습니다. 이는 BTC 1개에 상응하는 ETH가 15.6572개 라는 의미입니다. 가격 범위를 설정해야 하는데, 소수 단위보다는 큰 숫자가 보기 편하므로 WBTC 탭을 활성화시켜 이후 단계를 진행해 보겠습니다.

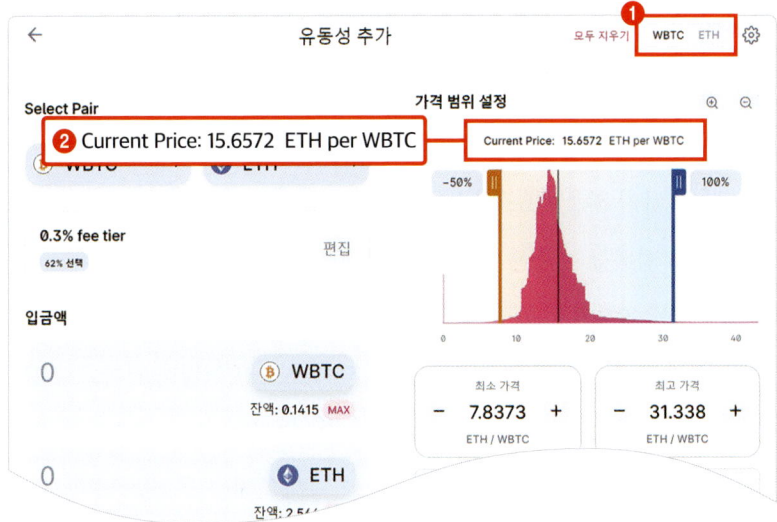

8 왼쪽에 있는 갈색 바(Bar)와 오른쪽에 있는 파란색 바(Bar)를 조절해 현재 가격 대비 최소 가격은 -4.9%, 최고 가격은 +5.3%로 범위를 지정했습니다. 이 범위는 아래 숫자 탭에서 직접 설정해도 됩니다.

PART 3 | 탈 중앙화 거래소 - 덱스

여기서 중요한 건, 이 범위의 의미입니다. 현재 가격(15.6572)이 최소 가격(14.893)과 최고 가격(16.492) 사이에 있어야만 수수료 수익이 발생합니다. 범위를 벗어나면 수수료 수익이 발생하지 않습니다. 그럼, 범위를 넓게 잡아야 하지 않을까요? 아쉽게도 범위가 넓을수록 수익률이 낮아집니다. 따라서 범위를 예측한 후, 최대한 좁게 설정하는 것이 좋습니다.

또, 유니스왑에서의 유동성 공급 비율은 두 토큰의 상대가격으로 결정됩니다. 만약 WBTC 대비 ETH의 상대 가격이 오르면 어떻게 될까요? ETH의 보유 수량이 줄고, WBTC의 보유 수량이 늘어납니다. ETH의 상대가격이 오를수록 현재 가격은 최소 가격에 가까워지는데 최소 가격에 이르면 ETH의 보유 비중이 0%가 되고 WBTC는 100%가 됩니다. 반대로 WBTC의 상대가격이 오르면 WBTC의 수량이 줄고, ETH의 수량이 늘어납니다. WBTC의 상대가격이 오를수록 최고 가격에 가까워지는데, 최고 가격에 이르면 WBTC의 보유 수량이 0%가 되고, ETH의 보유수량이 100%가 됩니다. 이 개념이 지금은 잘 이해가 안 될 수도 있는데요, 뒤에 나오는 실제 투자 과정을 보면 자연스럽게 이해가 되니, 너무 걱정하지 않으셔도 됩니다.

9 범위 설정이 끝나면, 이제 수량을 지정합니다. ETH 잔액은 2.566개 입니다. 빈칸에 2.5를 입력했더니, 이에 상응하는 WBTC 수량(0.165533)이 자동으로 입력되었습니다. 그런데 오른쪽에 부족한 WBTC 잔액이라고 뜨면서 버튼이 비활성화가 되었습니다. 왜 그런 걸까요? ETH 2.5에 해당하는 WBTC의 수량은 0.165533개입니다. 하지만 WBTC 잔액에 보

면 WBTC는 0.1415개밖에 없습니다. 즉, WBTC의 수량이 부족합니다. WBTC를 추가 매입해 수량을 맞추던지, ETH의 수량을 줄여야 합니다.

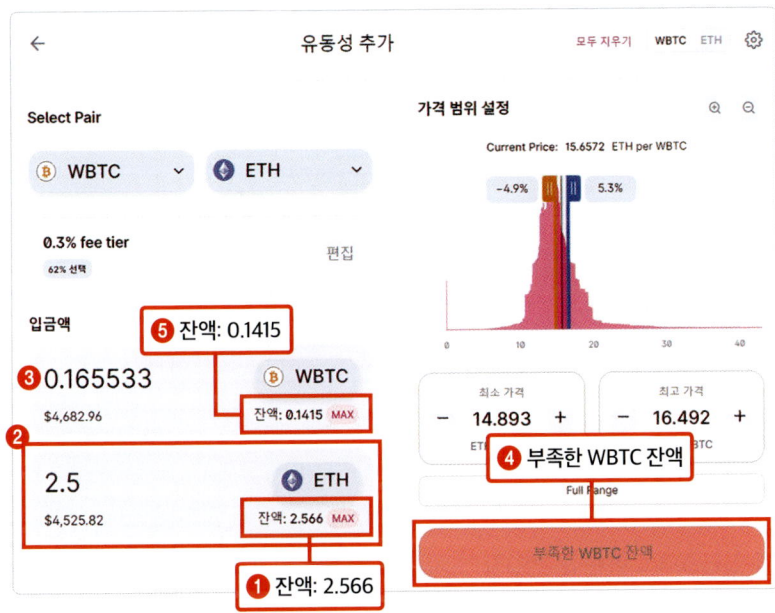

방법은 세 가지가 있습니다. 첫 번째는 가격 범위를 다시 조정하는 것입니다. 최소 가격의 마이너스(-) 버튼을 눌러 가격을 낮추면 WBTC의 수량이 낮아지면서 오른쪽에 Preview 버튼이 활성화가 됩니다. 가격 범위와 수량의 관계는 몇 번 해보시면 금방 익숙해집니다.

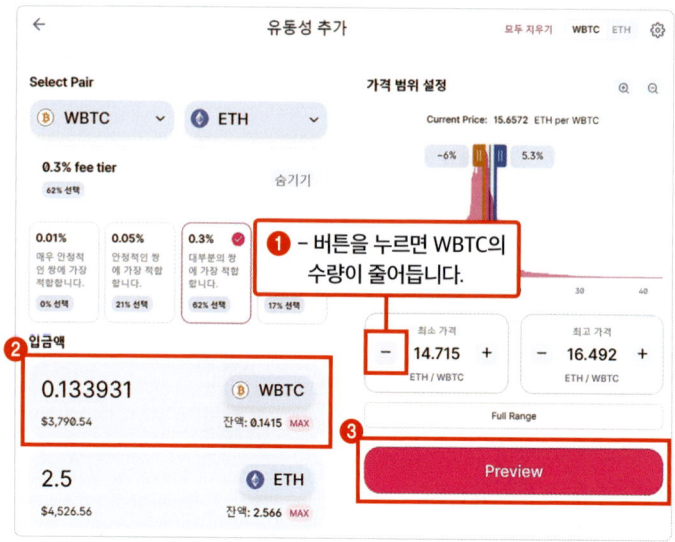

두 번째 방법은 WBTC의 수량에 ETH를 맞추는 것입니다. WBTC 잔액 옆에 있는 MAX 버튼을 클릭하면 WBTC 수량에 맞게 ETH 수량이 자동으로 조절됩니다. (이미 WBTC의 MAX 버튼을 눌러서 이미지에는 보이지 않습니다)

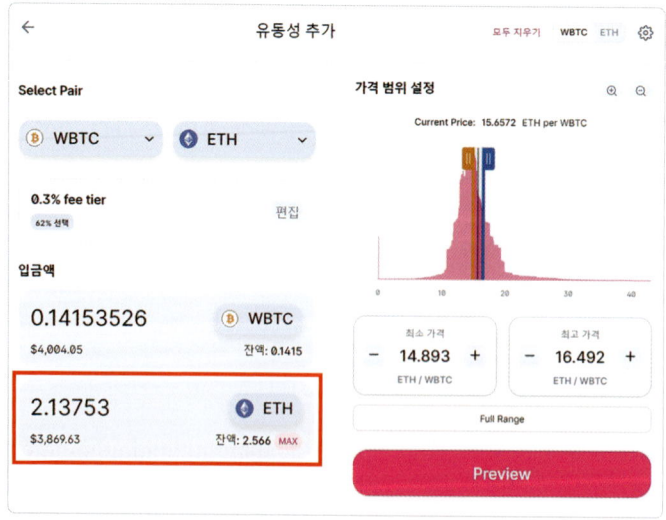

세 번째는 오른쪽 Preview 버튼이 활성화될 때까지 ETH의 수량을 줄이는 것입니다.

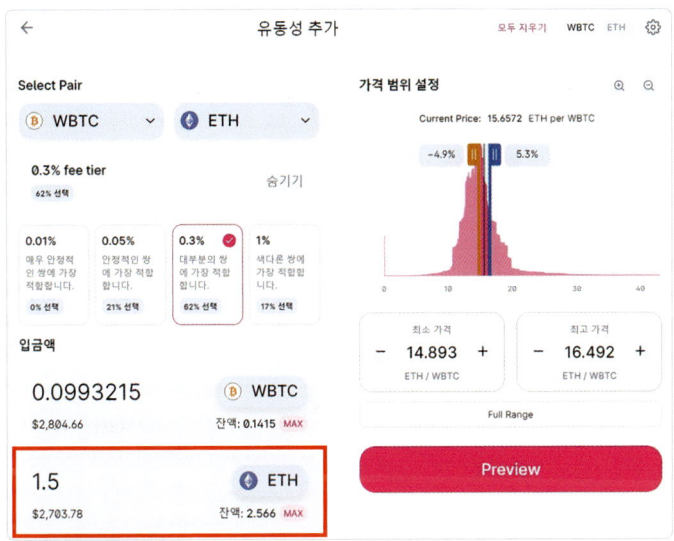

🔟 Preview 버튼이 활성화되면 클릭해 주세요. 이후 나오는 화면에서 추가 버튼을 눌러 주세요.

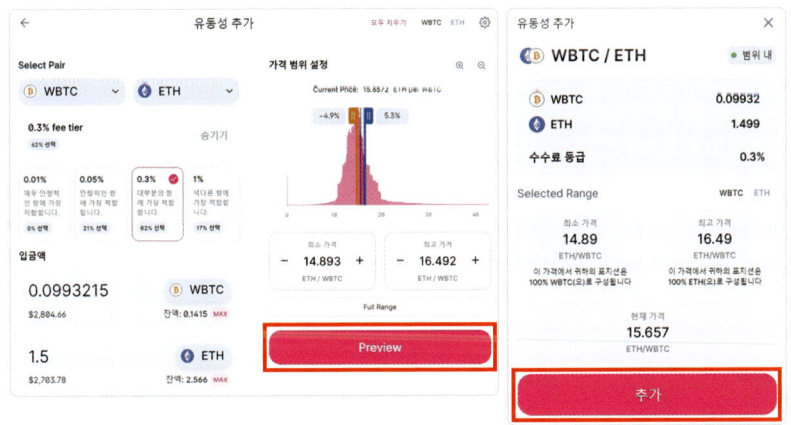

11 오른쪽에 뜨는 메타마스크 화면에서 예상 가스비를 확인한 후, 확인 버튼을 누릅니다.

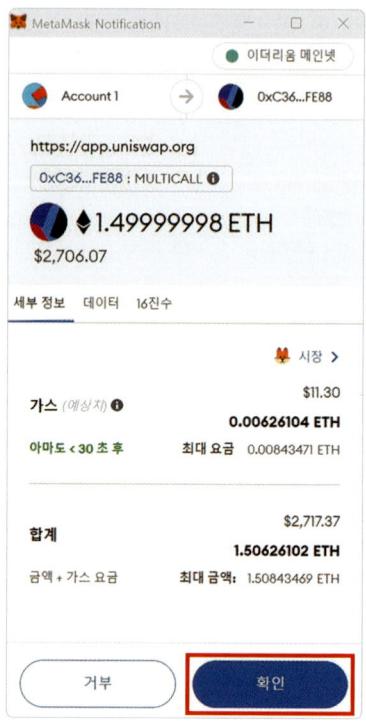

12 풀(Pool) 탭을 클릭하면, 포지션이 생성된 것을 확인할 수 있습니다. 새로운 포지션을 클릭합니다.

🔢 세부 내역을 뜯어보겠습니다. ❶ 유동성에는 달러로 환산한 두 토큰의 가격($5,513.77)이 나와 있습니다. ❷ 그 아래는 ETH와 WBTC의 수량과 보유 비중이 나와 있습니다. 현재 각각 50%로 동일하네요. ❸ 미청구 수수료는 우리가 얻게 될 수익입니다. 실시간으로 계속 쌓입니다. ❹ 가격 범위에서는 현재 가격(15.6572)과 설정한 범위(14.8926~16.4917)를 볼 수 있습니다. 책에서는 보기 편하게 WBTC 탭을 설정했습니다.

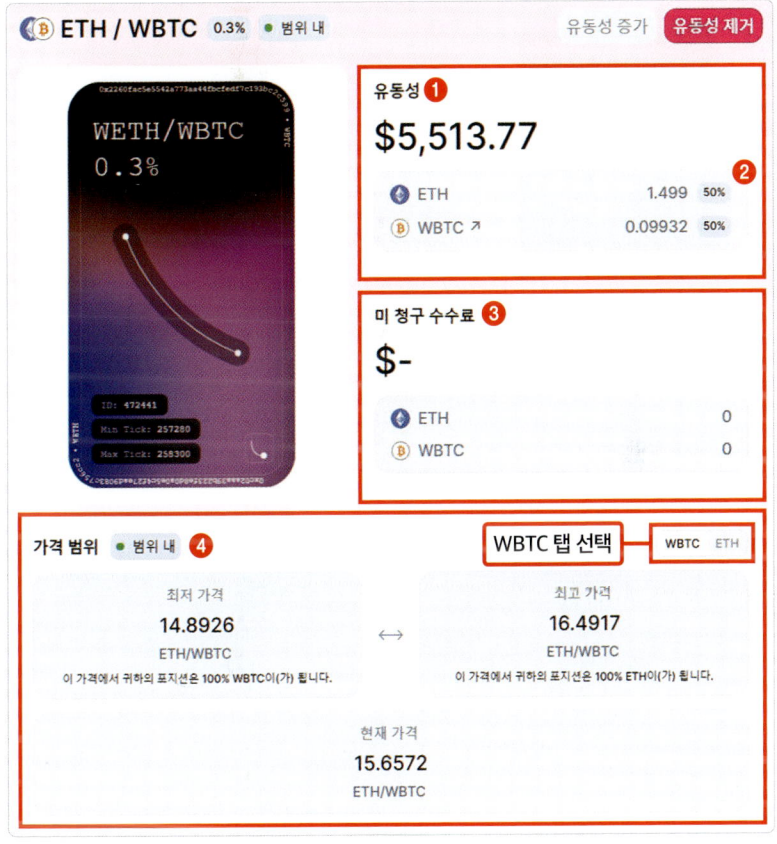

미청구 수수료 징수하기

미청구 수수료로 쌓인 수익을 회수하는 방법을 알려드리겠습니다.

1 수수료 징수(Collecet Fees)를 클릭한 다음, 수집 버튼을 눌러 주세요.

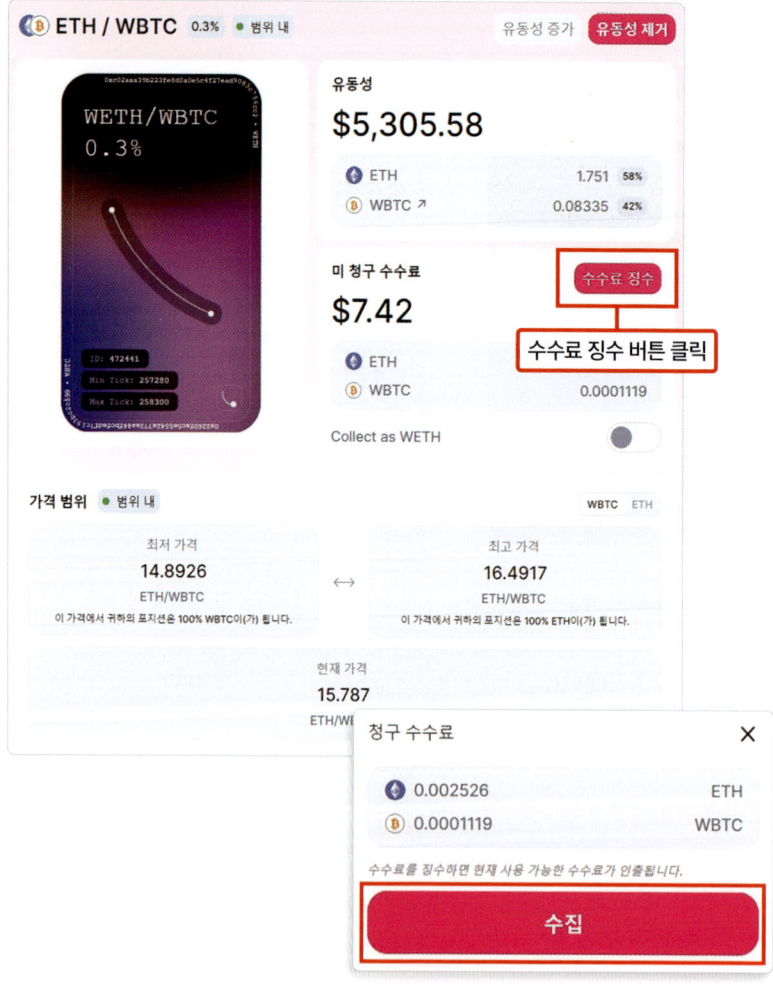

2 오른쪽에 뜨는 메타마스크 창에서 예상 가스비를 확인한 후, 확인 버튼을 클릭합니다. 청구가 완료되면 미청구 수수료 금액이 메타마스크 지갑에 입금됩니다. 단, 수수료를 징수할 때 네트워크 수수료(가스비)가 발생하므로 금액이 적다면 손익을 잘 따져봐야 합니다.

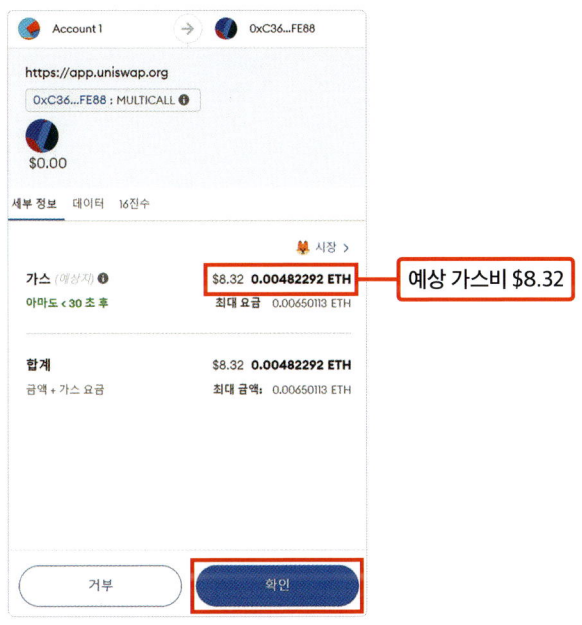

유동성 공급 늘리기

포지션이 가격 범위 내에 있다면, 중간에 토큰을 추가해 유동성 공급 규모를 키울 수 있습니다. 단, 유동성을 증가시킬 때에도 네트워크 수수료가 발생하므로 손익을 따져 봐야 합니다.

1 ❶ 유동성 증가 버튼을 클릭합니다. ❷ 추가할 WBTC와 ETH의 수량을 적습니다. 한쪽 토큰의 MAX 버튼을 누르면 자동으로 다른 토큰도 입력이 됩니다. ❸ 미리보기(Preview) 버튼이 활성화되면 클릭합니다.

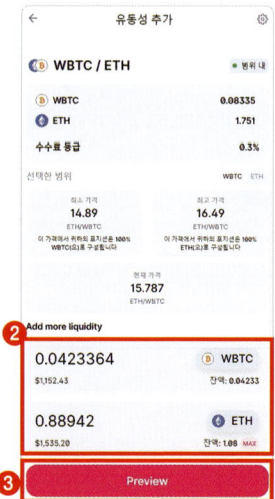

2 확인창이 나오면, 추가 버튼을 클릭합니다. 오른쪽에 메타마스크 화면에서 예상 가스비 등을 확인하고, 하단에 확인 버튼을 누릅니다.

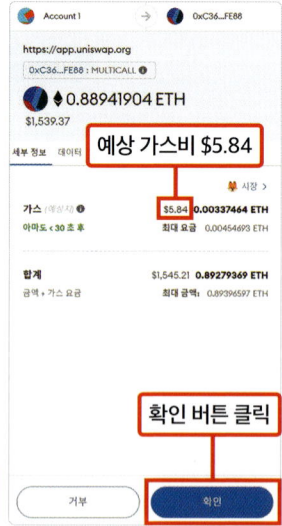

디파이 투자, 지금은 공부가 필요합니다

3️⃣ 유동성 공급 금액이 늘어난 것을 확인할 수 있습니다.

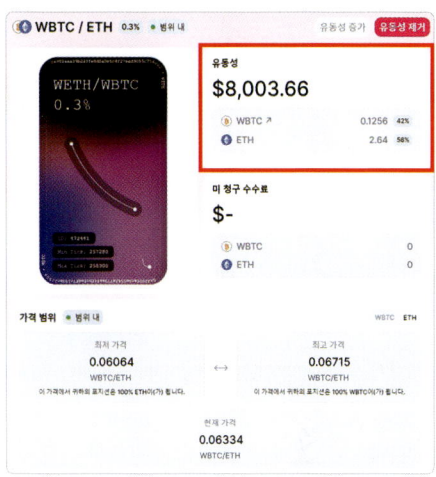

유동성 제거하기

1️⃣ 유동성을 제거하고 싶다면, 유동성 제거(Remove Liquidity) 버튼을 클릭합니다.

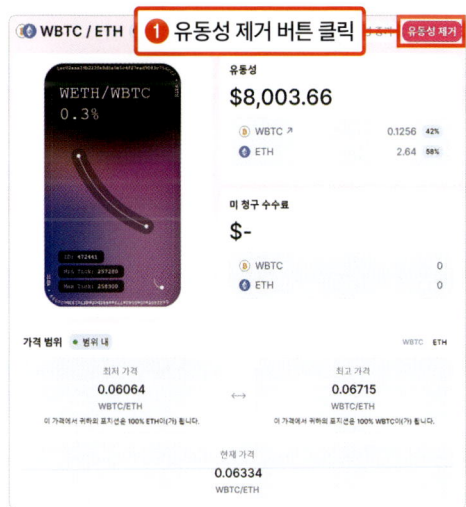

2️⃣ 핑크색 바(Bar)를 이용해 비율을 조절한 후, 제거 버튼을 눌러주세요. 이후 나오는 화면에서도 제거 버튼을 클릭합니다.

3️⃣ 오른쪽에 뜨는 메타마스크 화면에서 예상 가스비를 확인한 후, 확인 버튼을 클릭하면 메타마스크 지갑으로 토큰이 입금됩니다.

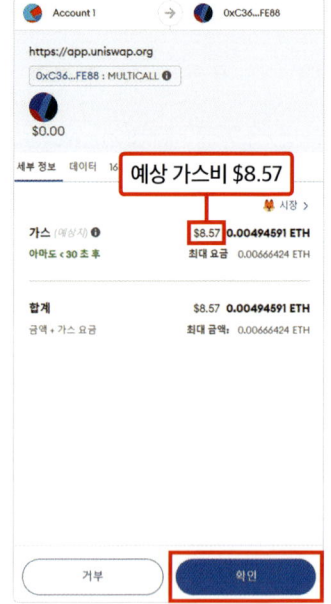

실전투자로 더 깊게 이해하기

> 실전투자 분석

실전투자를 통해 지금까지 배운 내용을 더 깊게 이해해 보겠습니다.

① 2023년 3월 11일 오후 8시 20분경 생성한 포지션입니다. 하나씩 자세히 살펴볼까요?

❶ 2.033개의 ETH와 0.1661개의 WBTC를 유동성으로 공급했습니다. 두 토큰의 비중은 ETH 47% / WBTC 53%이며 달러로 환산한 합산 금액은 $7,027.46입니다.

❷ 미청구 수수료 영역에는 실시간으로 수수료 수익이 쌓입니다. 이 금액이 우리의 수익입니다.

❸ 가격 범위는 13.69~14.89입니다. 현재 ETH 1개당 WBTC의 가격은 14.2345로 위아래로 4~5% 정도 여유가 있습니다. 수수료 수익을 높이기 위해 범위를 좁게 설정했습니다. 그럼, ETH와 WBTC의 상대 가격 변화에 따른 수익 변화를 추적해 보겠습니다.

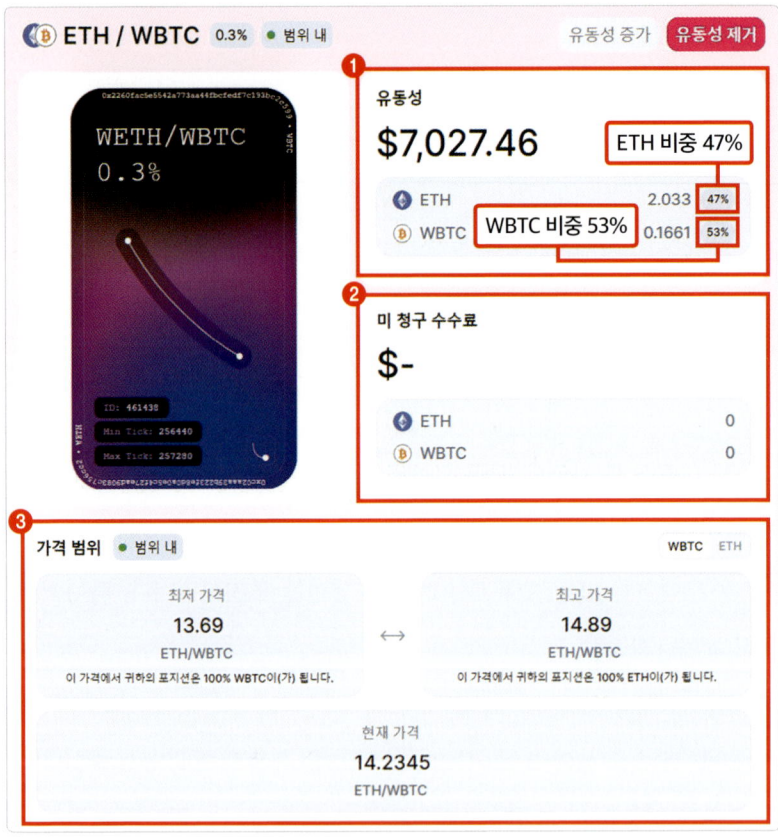

2 다음 날 아침(2023년 3월 12일)의 포지션입니다. ETH가 2.033개에서 1.02개로 줄고, WBTC는 0.1661에서 0.238개로 늘어난 것을 볼 수 있습니다. 두 토큰의 비율도 24% / 76%로 바뀌었네요. ETH가 줄고, WBTC가 늘어난 것으로 보아 ETH의 상대가치가 올라간 것을 알 수 있습니다. 여기서 중요한 것은 상대가치가 오른 것이 꼭 가격 상승을 의미하는 것은 아니라는 점입니다. WBTC가 10%가 내려갔는데, ETH가 5%만 내려갔다면 둘 다 가격이 하락했지만 ETH의 상대가치는 올라

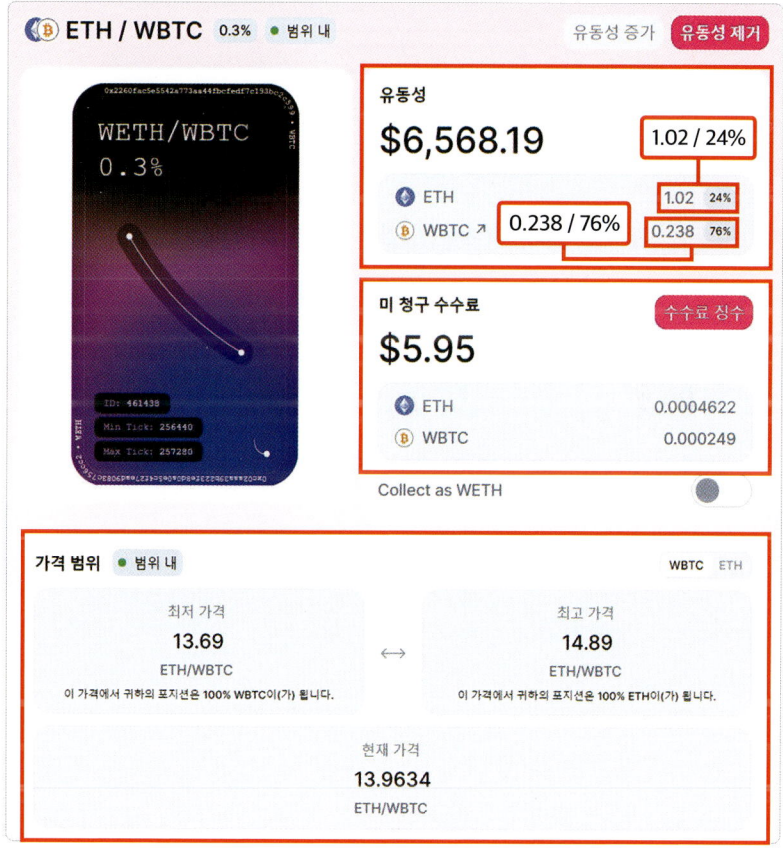

간 것이니까요. 두 토큰을 합산한 금액이 전일 $7,027.46였는데, 오늘은 $6,568.19인 것으로 보아 토큰의 가격이 하락한 것으로 보입니다.

미청구 수수료 영역에 보면, ETH가 0.0004622개 WBTC가 0.000249개 쌓였고 둘의 합산 금액이 $5.95입니다. 즉, 간밤에 $5.95의 수수료 수익이 발생한 것입니다!

가격 범위도 볼까요? 어제는 현재 가격이 14.2345였는데, 오늘은 13.9634로 내려갔습니다. ETH의 상대가격이 오를수록 최저 가격에 가까워지고, WBTC의 상대가격이 오를수록 최고 가격에 가까워집니다. 그럼, 최저 또는 최고 가격을 터치하면 어떻게 될까요? 최저 가격인 13.69가 되면 ETH는 0%가 되고 WBTC는 100%가 됩니다.

3 하루가 또 지난 2023년 3월 13일 아침입니다. ETH의 수량이 줄고, WBTC의 수량이 늘었습니다. ETH의 상대가격이 또 올랐음을 알 수 있습니다. 합산한 금액이 전일 $6,568.19에서 $6,848.95로 오른 것으로 보아 토큰 가격이 상승했을 것으로 예상됩니다.

미청구 수수료 영역을 보면, 0.0008416개의 ETH와 0.0004086개의 WBTC가 수수료 수익으로 쌓였으며 합산한 금액은 $10.31입니다.

ETH의 상대가격이 오르면서 현재 가격은 13.8012로 전일보다 더 낮아졌습니다. 곧 최저 가격에 닿을 수도 있겠네요.

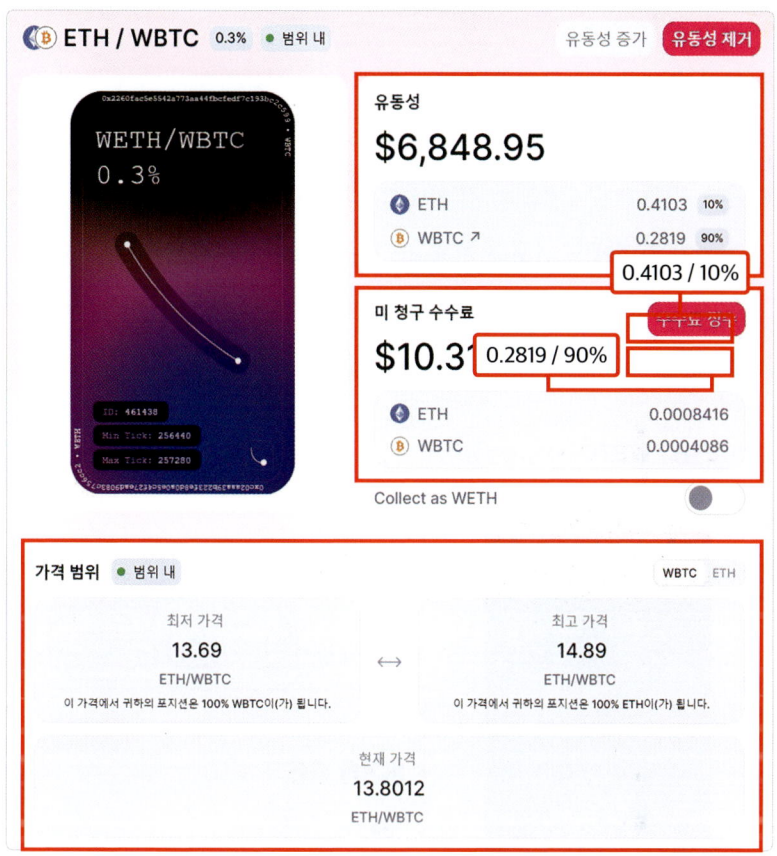

PART 3 | 탈 중앙화 거래소 - 덱스

4️⃣ 2023년 3월 14일 오전입니다. 전날 보유 비중이 10%밖에 안 되던 ETH의 수량이 62%로 늘었습니다. WBTC의 상대가치가 크게 올랐음을 알 수 있습니다. 합산한 금액 역시 $6,848.95에서 $7,458.10으로 상승했습니다. 미청구 수수료도 누적 $10.31에서 $36.86으로 늘었습니다.

전일 최저 가격에 근접했던 현재 가격은 14.4191로 올랐습니다. 이 상태를 계속 유지하며 가격 범위 내에만 있으면 수수료 수익이 꽤 많이 쌓일 것 같네요!

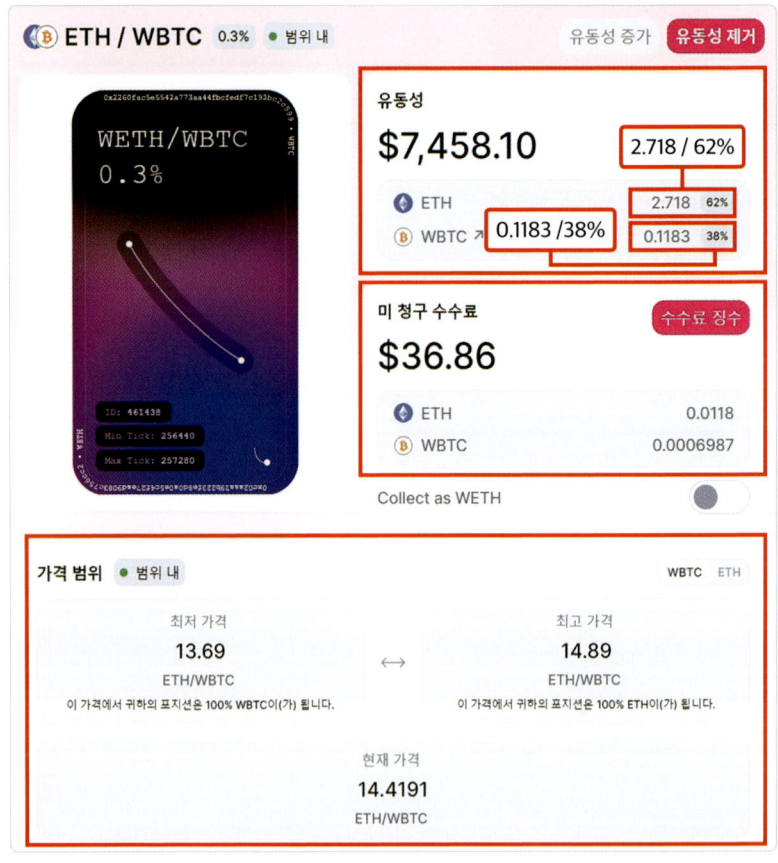

5 2023년 3월 15일 오전입니다. ETH의 보유 비중이 3%가량 늘어난 것으로 보아 BTC의 상대 가격이 조금 올랐음을 알 수 있습니다. 누적 미청구 수수료가 $36.86에서 $54.77로 크게 늘었습니다. 현재 가격은 14.4572로 가격 범위의 중간 정도에 위치해 있습니다.

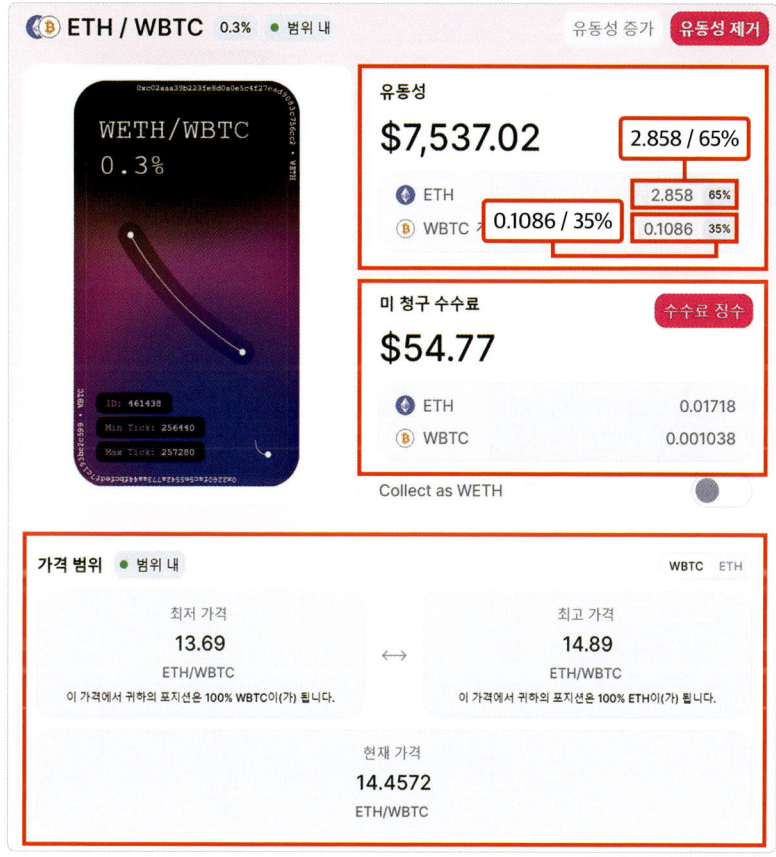

6️⃣ 2023년 3월 16일 오전입니다. ETH의 보유 비중이 94%로 크게 늘었습니다. 이를 통해 간밤에 WBTC의 상대 가격이 올랐다는 것과 현재 가격이 최고 가격에 근접했음을 알 수 있습니다(보유 비중이 100%가 되면 최고 가격입니다). 누적 미청구 수수료는 $64.94입니다.

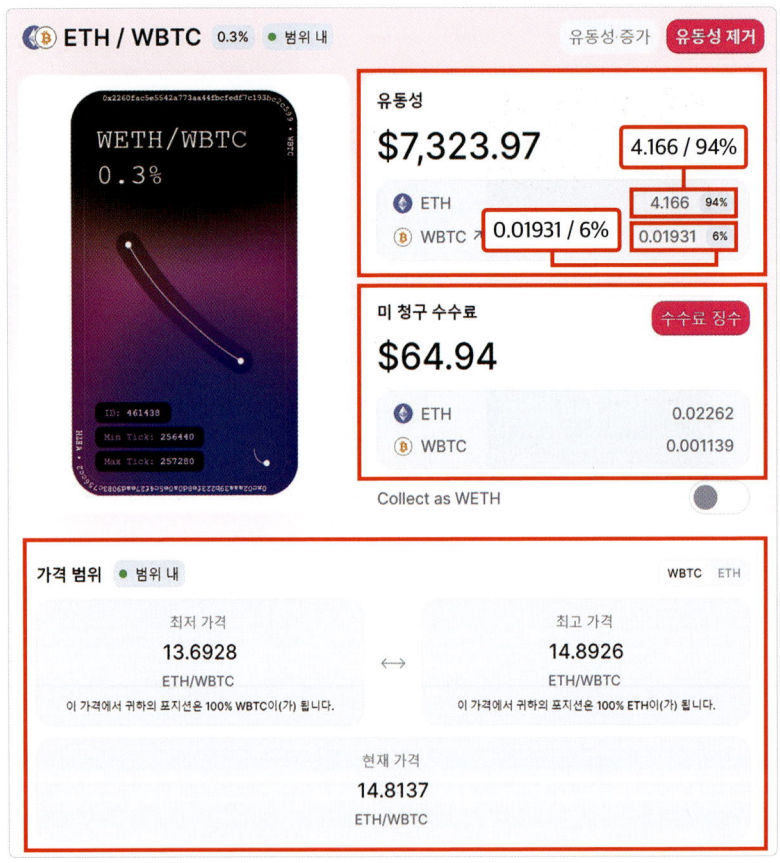

7 2023년 3월 17일 오전입니다. 달라진 게 느껴지나요? 네, 맞습니다. 가격 범위를 벗어났습니다. WBTC의 상대 가격이 더 올라 ETH의 보유 비중이 100%가 되었습니다. 이렇게 가격이 벗어난 상태에서는 더 이상 미청구 수수료 수익이 쌓이지 않습니다.

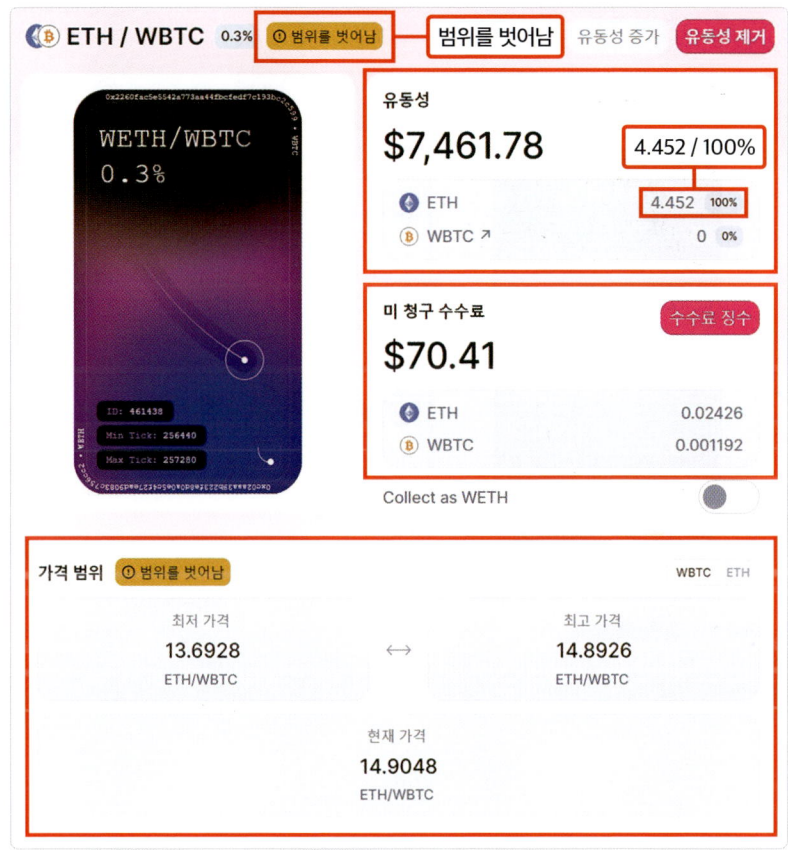

8️⃣ 2023년 3월 18일 오전입니다. 여전히 범위를 벗어난 상태입니다. ETH의 수량이 4.452로 변함이 없는데, 합산 금액이 전일 $7,461.78에서 $7,933.33으로 늘어난 것으로 보아 ETH의 가격이 올랐음을 알 수 있습니다. 토큰 가격이 올라 미청구 수수료 합산 금액이 $70.41에서 $76.26으로 늘었습니다.

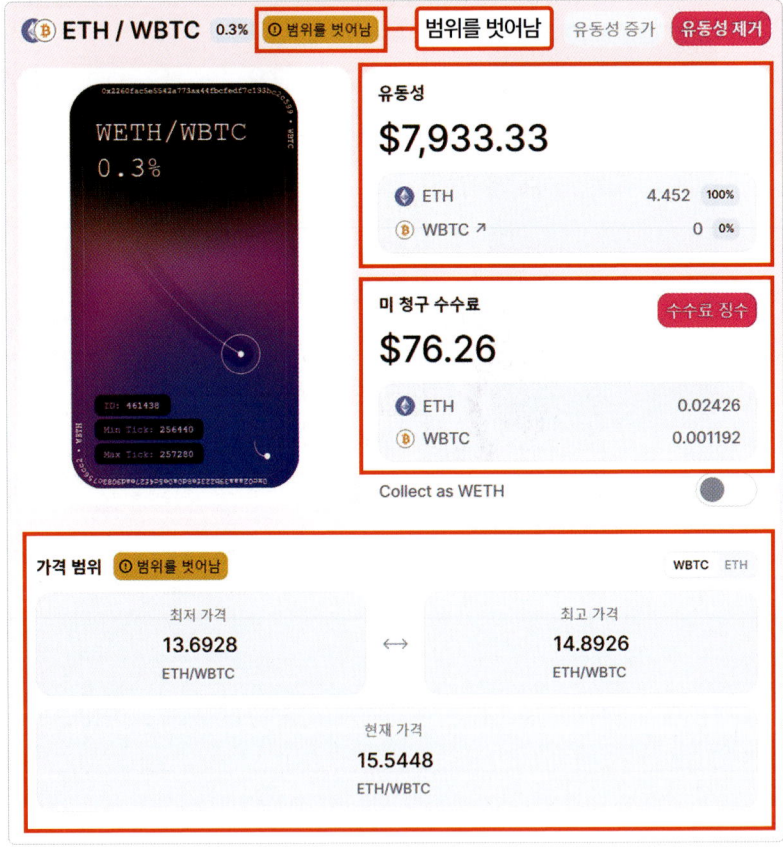

9️⃣ 3월 19일과 20일 오전 모습입니다. 여전히 범위를 벗어난 상태네요. 합산 금액과 미청구 수수료는 토큰의 가격 변동에 따라 계속 바뀌고 있습니다.

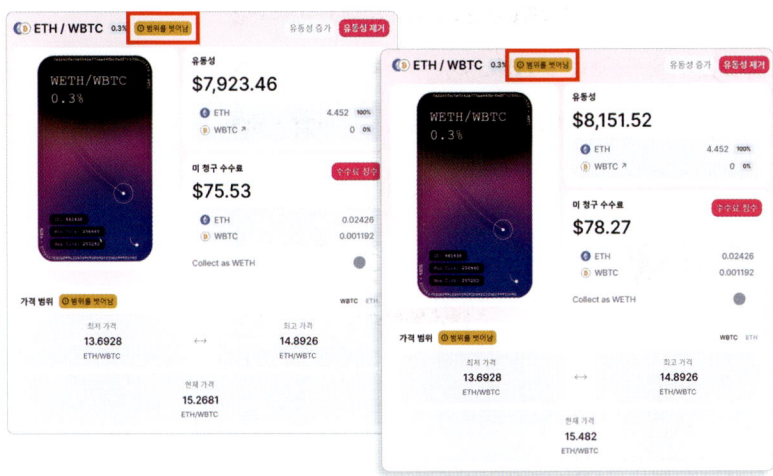

🔟 3월 21일, 22일 역시 범위를 벗어난 상태입니다. 이렇게 계속 현재 가격이 범위를 벗어났을 때 투자자가 할 수 있는 건 크게 두 가지입니다.

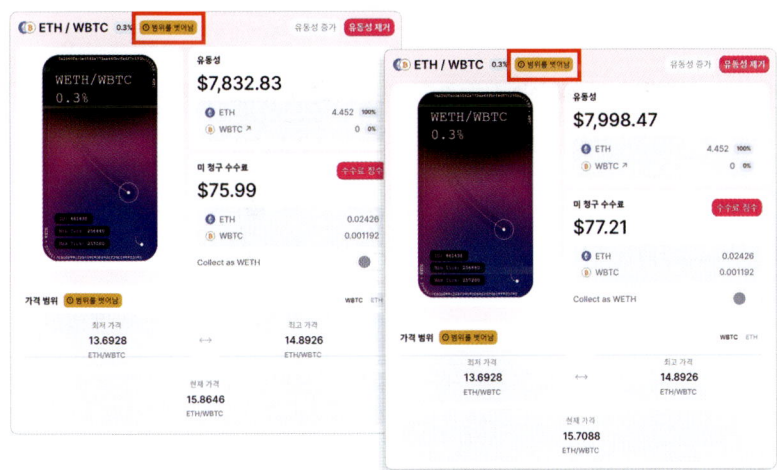

첫 번째는 다시 범위 안으로 들어올 때까지 기다리는 것입니다. 이 경우 미청구 수수료는 쌓이지 않습니다. 현재 유동성은 ETH로만 공급하고 있으므로(ETH 100%) 포지션은 ETH의 가격 변동에 영향을 받습니다. 미청구 수수료에는 ETH와 WBTC가 모두 쌓여 있으므로 미청구 수수료는 두 토큰 가격에 영향을 받고요.

두 번째는 기존 포지션을 청산하고(유동성을 제거하고), 범위를 재설정해 새롭게 유동성을 공급하는 것입니다. 이 경우 새로운 포지션에서 미청구 수수료 수익을 얻을 수 있습니다. 언뜻 보면 두 번째 방법이 좋은 것 같은데, 왜 실전에서는 사용하기가 어려울까요? 네트워크 수수료 때문입니다.

현재 미청구 수수료 수익이 약 $75 쌓였습니다. 이 상황에서 포지션을 정리하고 새롭게 유동성을 공급하는 것을 가정해 보겠습니다. 먼저, ① 포지션을 정리합니다. 그럼, 남아 있는 4.4452개의 ETH와 미청구 수수료로 받은 ETH + WBTC가 들어옵니다. 유동성은 토큰 쌍으로 공급해야 하므로, 남아 있는 이더리움 중 절반 가까이를 ② WBTC로 스왑합니다. 다시 범위를 설정해 ③ 유동성을 공급합니다.

문제는 ① 포지션을 정리할 때, ② 토큰을 스왑할 때, ③ 새롭게 유동성을 공급할 때 각각 네트워크 수수료가 발생한다는 것입니다. 이 수수료를 다 더하면 그동안 벌어들인 수익인 $75와 비슷하거나 이를 초과할 가능성이 높습니다. 새롭게 유동성을 공급하면서 기존에 벌어들인 수익을 잃어버리는 것입니다.

그럼, 어떻게 해야 할까요? 투자 규모를 키우면 됩니다. 앞에서 설명한 것처럼 네트워크 수수료는 금액에 관계없이 거의 동일하게 부과됩니다. 만약 5배 더 투자를 해 미청구 수수료 수익이 $75가 아니라 $375였다면, 기존 포지션을 청산하고 새롭게 유동성을 공급하면서 $75의 비용이 들어가도 $300 수익이 남습니다. 범위를 벗어나면 새로운 포지션으로 계속 유동성을 공급해 미청구 수수료 수익을 얻을 수 있죠. 다만, 현실에서 디파이에 수천만 원 이상의 금액을 투자하는 건 쉽지 않습니다. 이제 막 시장이 성장하는 단계라 해킹 사건이 종종 발생하고 있고, 코인의 높은 가격 변동성으로 인해 미청구 수수료를 넘어서는 투자 손실이 발생할 수 있기 때문입니다. 결국 선택은 투자자의 몫입니다.

비영구적 손실

약 12일 동안 유동성 공급을 통해 수수료 수익을 얻었는데요, 이제 결산을 해보겠습니다.*

2023년 3월 11일 오후 8시경 WBTC 0.1661개와 ETH 2.033개를 쌍으로 묶어 유동성을 공급했습니다. 같은 시간 업비트의 BTC와 ETH의 가격을 기준으로 하면, 약 8,458,744원을 초기 투자금으로 사용한 셈입니다.

초기 투자금 : 8,458,744 원

---

* 계산의 편의를 위해 네트워크 수수료는 제외했습니다.

그리고 유동성을 제거한 3월 22일 오전 7시경에는 4.452개의 ETH가 남았습니다. 같은 시간 업비트의 ETH 가격으로 환산하면 약 10,555,692원입니다. 결과적으로 2,096,948원의 수익이 발생했습니다. 이중 미청구 수수료는 $75 밖에 되지 않았으므로 대부분의 수익이 토큰의 가격 상승에서 비롯된 것임을 알 수 있습니다

 최종 투자금 : 10,555,692 원

그런데 만약 유동성을 공급하지 않고, BTC와 ETH를 가만히 보유하고 있었다면 결과는 어땠을까요? 2023년 3월 11일 오후 8시경 WBTC 0.1661개와 ETH 2.033개를 보유 중이므로 초기 투자금은 아래와 같습니다.

 초기 투자금 : 8,458,744 원

포지션을 청산하는 2023년 3월 22일 오전 7시를 기준으로 업비트의 BTC와 ETH의 가격으로 환산하면 투자금은 10,979,895원으로 늘어납니다.

 최종 투자금 : 10,979,895원

결과적으로 유동성을 공급하지 않고, 보유만 하고 있었을 때 수익이

424,203 원 더 많았습니다. 네트워크 수수료까지 감안하면 이 차이는 더 벌어지겠죠. 왜 이런 일이 발생하는 걸까요? 유니스왑에 토큰 쌍을 만들어 유동성을 공급하는 것은 가격이 오르면 수량이 줄어들고, 가격이 내리면 수량이 늘어나는 상품에 투자한 것과 같습니다. 투자 기간 동안 ETH보다 BTC가 더 많이 올랐습니다. 두 토큰을 지갑에 보유했다면 BTC가 상승한 만큼 투자 수익이 났겠지만, 유동성을 공급하면서 BTC의 수량이 줄어들어 가격 상승분의 일부만 수익에 반영이 되었습니다. 만약 ETH보다 BTC가 더 많이 하락했다면 결과는 어땠을까요? BTC의 수량이 늘어나면서 두 토큰을 지갑에 보유했을 때보다 더 큰 손실이 발생했을 것입니다. 이렇게 수익/손실이 확정되지는 않았지만, 두 토큰을 각각 지갑에 가지고 있을 때보다 유동성을 공급했을 때 오히려 더 안 좋은 결과(더 적은 수익 or 더 큰 손실)가 예상되는 것을 비영구적 손실(Impermanent Loss, IL)이라고 합니다.

비영구적 손실은 가격 변동성이 클수록 더 커집니다. 다음 그래프의 가로축은 토큰의 가격 변동을, 세로 축은 비영구적 손실을 나타냅니다. 가로축 100%를 기준으로 왼쪽 0% 쪽으로 갈수록 토큰 가격이 내려갔다는 의미이고, 오른쪽 500% 쪽으로 갈수록 토큰 가격이 올랐다는 의미입니다. 가격이 내려갈수록 비영구적 손실이 더 가파르게 진행됨을 알 수 있습니다. 마찬가지로 가격이 올라갈수록 비영구적 손실 역시 커집니다. 가격이 500% 오르면, 지갑에 토큰을 보유할 때보다 25.5% 수익이 덜 발생하는 것을 알 수 있습니다(비영구적 손실 -25.5%).

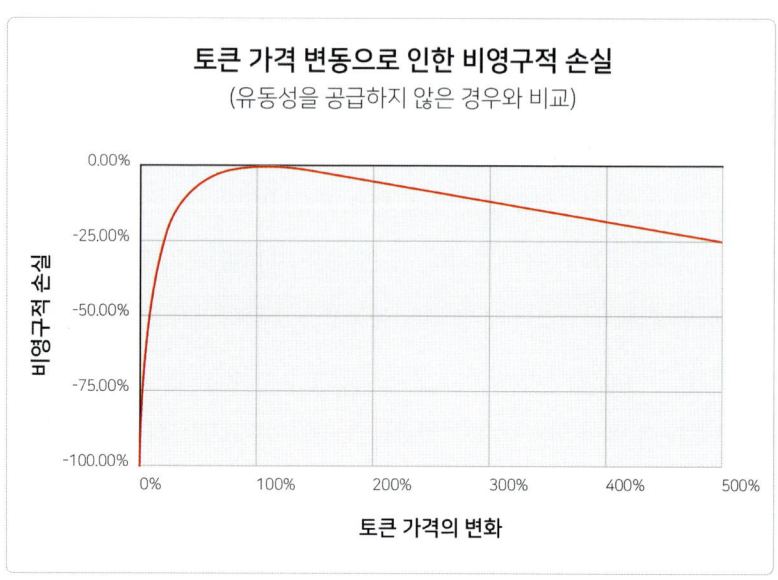

정리하면, 가격 변동성이 커지는 상황에서는 유동성을 공급하는 것보다 토큰을 지갑에 가지고 있는 것이 더 낫습니다. 반면 가격 변동성이 크지 않은 상황 or 가격 변동성이 크더라도 결국 제 자리로 돌아올 것 같을 때는 유동성을 공급해 미청구 수수료 수익을 얻는 것이 이득입니다.

그렇다면, 가격 변동을 최소화하면서(비영구적 손실을 최소화하면서) 유동성을 공급해 수익을 얻을 수 있는 방법은 없을까요? 두 토큰의 가치 변동을 동일하게 만들면 됩니다. 크게 두 가지 방법이 있습니다.

첫 번째는 USDC나 DAI 같은 스테이블 코인을 쌍으로 유동성을 공급하는 방법입니다. 두 토큰 모두 1달러에 고정되어 있으므로 가격 변동이 없어 토큰 수량이 변하지 않습니다. 즉, 비영구적 손실 걱정 없이 수수료 수익을 얻을 수 있습니다.

두 번째는 같은 방향으로 움직이는 토큰 쌍을 공급하는 방법입니다. 예를 들어, WETH* 토큰은 ETH 토큰 가격을 따라가도록 설계가 되어 있습니다. ETH의 가격이 10% 떨어지면 WETH 가격도 10% 떨어지고, ETH의 가격이 5% 오르면 WETH 가격도 5% 오르죠. ETH-WETH 쌍으로 유동성을 공급하면, 두 토큰 모두 동일하게 가격 변동이 이루어지므로 수량이 바뀌지 않아 비영구적 손실을 최소화할 수 있습니다.

---

* 스마트 컨트랙트 상에서 잘 작동하도록 ETH를 랩핑한 것이 WETH(Wrapped ETH)입니다. 사용자는 ETH = WETH라고 이해해도 무방합니다.

탈 중앙화 은행
- 머니 마켓

PART 4

1. 머니 마켓이 필요한 이유
2. 아베에 담보 예치하고, 대출받기

머니 마켓이
필요한 이유

머니 마켓(Money Market)은 예금과 대출 서비스를 제공하는 디앱입니다. 디파이 세계에서 은행과 비슷한 역할을 한다고 이해하면 됩니다. 보통 예금보다는 대출의 목적으로 머니 마켓을 이용하는 경우가 많아 대출 서비스(Lending Service)라고 부르기도 합니다. 그런데 왜 암호화폐를 빌리는 걸까요? 크게 세 가지 이유가 있습니다.

첫째, 레버리지를 일으켜 투자를 할 수 있습니다. 투자금이 1,000만 원인 사람이 삼성전자 주식을 1,000만 원어치 매수한 후, 이를 담보로 현대차 주식을 500만 원을 추가로 매수해 본인이 가진 자산보다 더 많은 금액(1,500만 원)을 투자를 하는 것처럼, 코인 투자자 역시 보유한 토큰을 머니 마켓에 담보로 맡기고, 다른 토큰을 대출받을 수 있습니다. 대출을 활용해 본인이 가진 자산보다 더 큰 금액을 투자할 수 있는 것이죠.

둘째, 가격이 하락할 때 수익을 낼 수 있는 공매도 투자를 할 수 있습니다. A 토큰의 가격이 1만 원에서 7천 원으로 하락하는 상황을 가정해 보겠습니다. 먼저, 머니 마켓에서 개당 만 원에 A 토큰을 10개 빌립니다(총 10만 원). 그다음 가격 변동이 없는 스테이블 코인으로 스왑합니다. A 토큰의 가격이 7천 원으로 하락하면, 스테이블 코인으로 A 토큰 10개를 사서 갚습니다(총 7만 원). 빌려서 팔 때는 A 토큰이 10만 원이었는데 사서 갚을 때는 7만 원이면 되니, 3만 원의 수익이 발생합니다. 이처럼 가격 하락이 예상될 때 대출을 활용해 수익을 창출할 수 있습니다.

마지막으로 빌린 토큰을 다른 디앱에 스테이킹*해 이자 수익을 얻을 수 있습니다. 물론 이는 스테이킹으로 얻는 이자 수익이 대출 금리보다 높은 상황에서만 가능합니다.

왜 머니 마켓을 이용하는지 이해가 되셨나요? 이제 이더리움 네트워크의 대표적인 머니 마켓인 아베(Aave)에서 담보를 예치하고 대출받는 과정을 실습해 보겠습니다.

---

* 보유하고 있는 토큰 자산을 디앱에 맡기고 이자 수익을 얻는 것을 말합니다. 현금을 은행에 맡기는 예금과 같은 개념으로 이해하면 쉽습니다.

아베에 담보 예치하고, 대출받기

메타마스크 지갑 연결하고, 서비스 구조 살펴보기

1️⃣ 아베(app.aave.com)에 접속한 후, 지갑 연결하기(Connect Wallet)를 진행합니다.

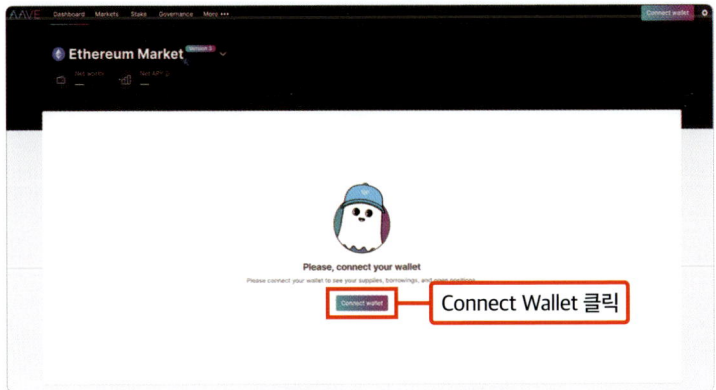

2️⃣ 브라우저 지갑(Browser wallet)을 클릭합니다.

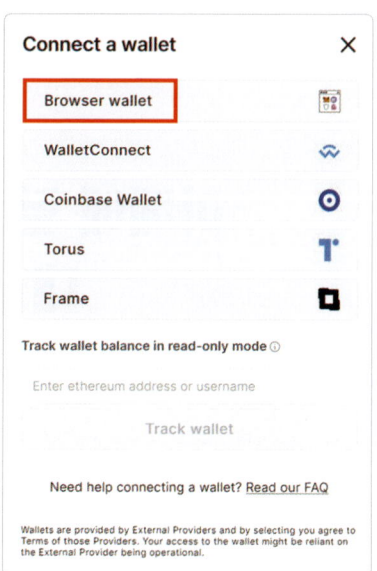

3️⃣ 화면 오른쪽에서 다음을 클릭한 후, 다시 연결을 클릭합니다.

4️⃣ 우측 상단에 메타마스크 지갑이 연결된 것을 확인할 수 있습니다. 이제 아베의 서비스 구조를 살펴보겠습니다. 마켓(Markets) 탭을 클릭한 후, 화살표를 누릅니다. 여러 마켓 중 중 이더리움(Ethereum)을 선택합니다.

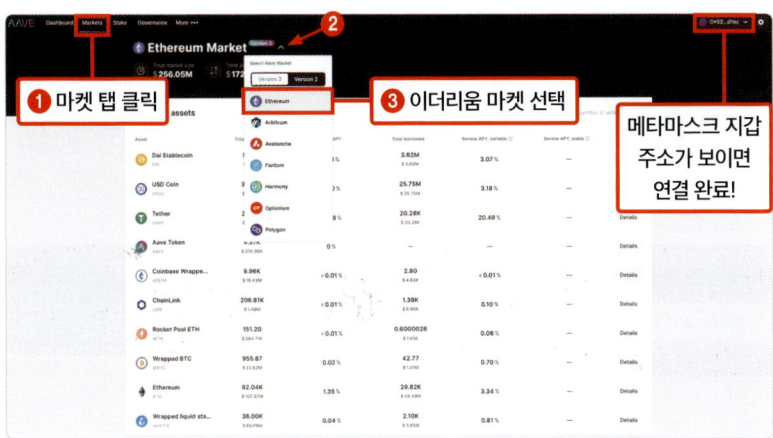

5️⃣ 이더리움을 아베에 맡겼을 경우, 연 1.35%의 연간 수익률(Supply APY)을 얻을 수 있습니다. 반대로 이더리움을 대출할 경우 3.34%의 대출 이자를 지불해야 합니다.

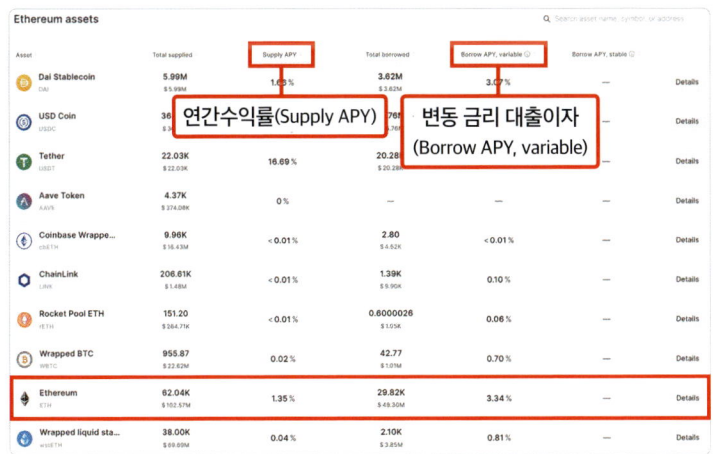

PART 4 | 탈 중앙화 은행 - 머니 마켓

아베에 토큰 예치하기

1 대시보드(Dashboard) 탭으로 이동합니다. 공급할 자산(Asset to supply)을 보면 지갑 잔고(Wallet Balance)에 예치 가능한 수량이, 평균수익률(Annual Percentage Yield, APY)에 자산 예치 시 받을 수 있는 금리가 나와 있습니다. 확인 후 예치하고자 하는 토큰의 공급(Supply)을 클릭합니다. 책에서는 이더리움(ETH)으로 실습해 보겠습니다.

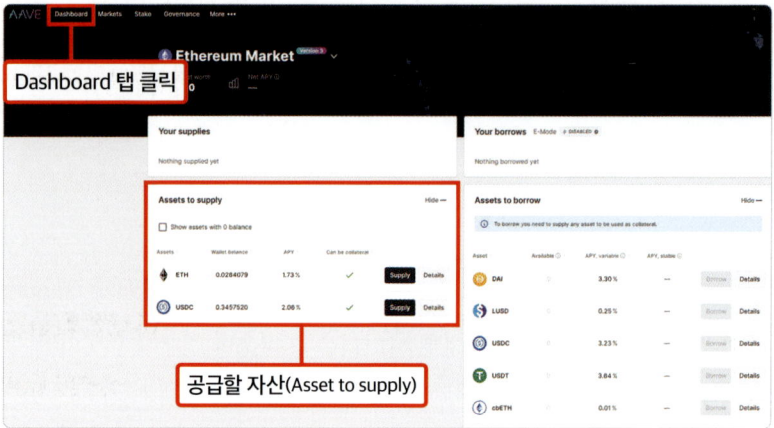

2 예치할 토큰의 수량을 입력하고, 공급 버튼(Supply ETH)을 클릭합니다. 만약, 오른쪽처럼 Approve 코인 이름 to continue 버튼이 활성화되면, 해당 버튼을 클릭한 후 진행해 주세요. Approve는 스마트 컨트랙트에게 접근 권한을 주는 것이라고 이해하면 됩니다.

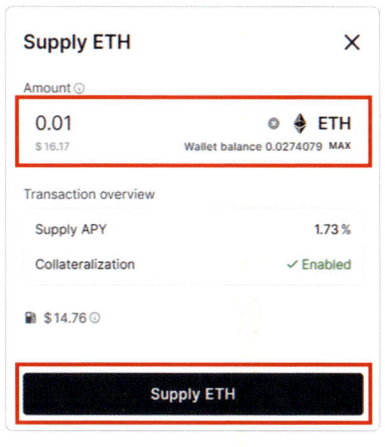
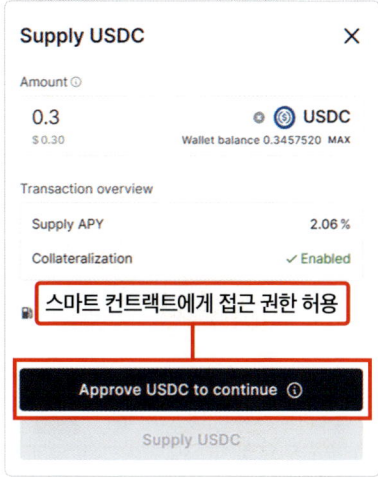

3 화면 오른쪽에 뜨는 메타마스크 창에서 확인을 누릅니다. 이후 나오는 Ok, Close 버튼을 눌러주세요.

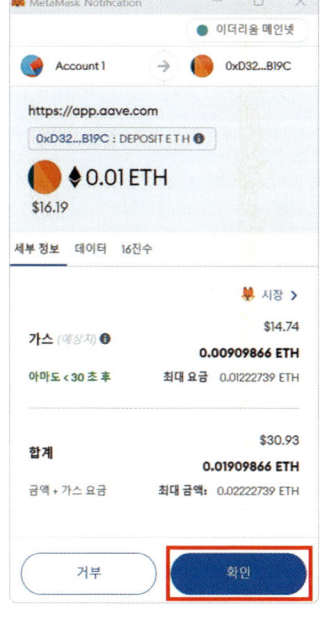
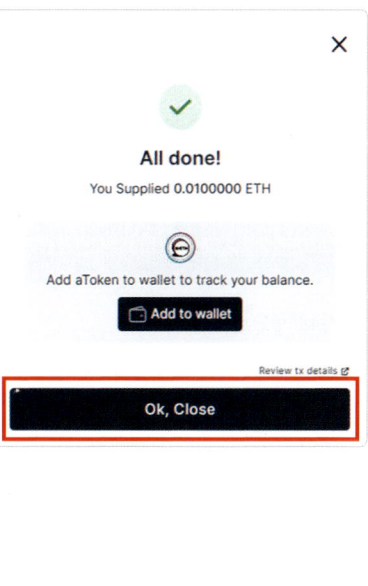

4️⃣ 트랜잭션이 성공하면 대시보드의 당신의 공급(Your supplies)에 잔고(Balance)가 표시됩니다. 이때부터 예치한 자산에 대한 이자를 받을 수 있고, 이를 담보로 다른 자산을 빌릴 수도 있습니다. 참고로 이자는 예치 자산을 찾을 때 함께 입금됩니다.

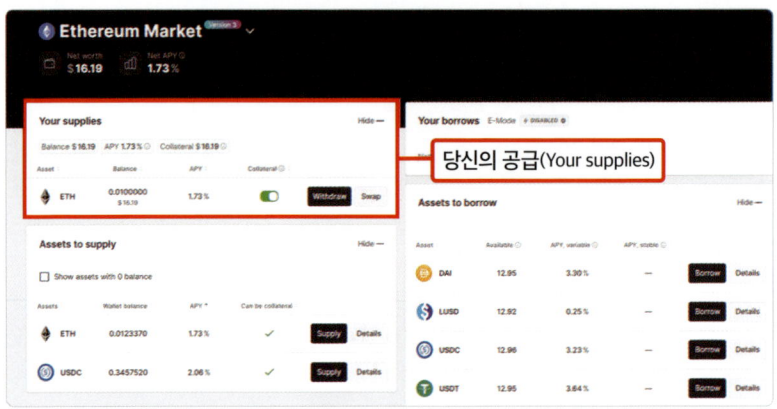

5️⃣ 이번에는 예치금을 찾아보겠습니다. 출금(Withdraw) 버튼을 누릅니다.

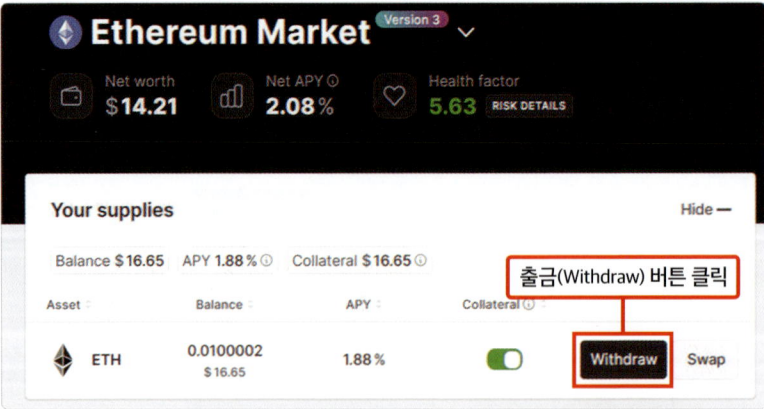

6 출금할 수량을 적고 Approve to continue를 클릭합니다. 우측에 메타마스크 화면이 뜨면 지출 한도를 설정합니다. 지금 설정하는 지출한도 금액 내에서 출금이 가능합니다. 하단에 다음을 눌러주세요. 지출 한도 검토 화면이 뜨면 가스비 등을 확인한 후 승인 버튼을 클릭합니다.

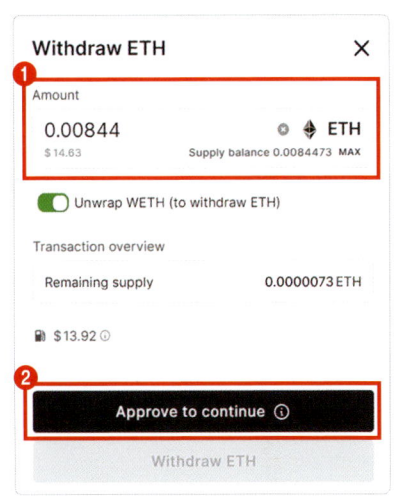

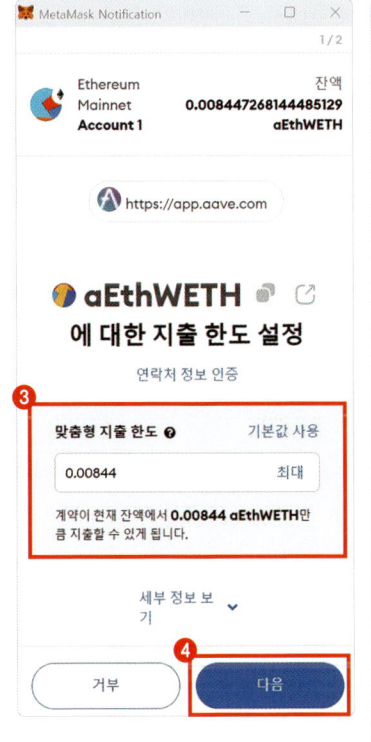

PART 4 | 탈 중앙화 은행 - 머니 마켓

7 출금 버튼(Withdraw ETH)이 활성화되면 클릭합니다. 오른쪽에 메타마스크 화면이 뜨면 가스비 등을 확인한 후, 확인 버튼을 눌러주세요.

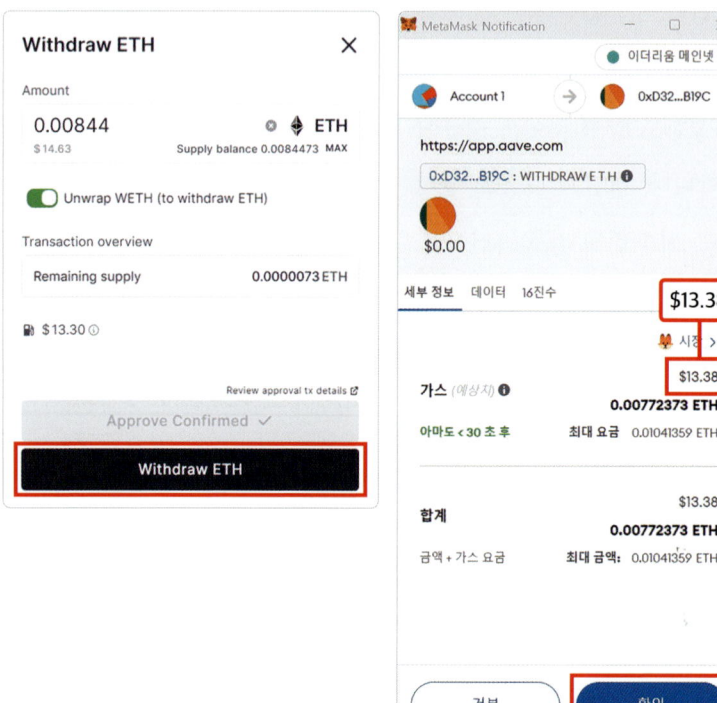

8 예치금 출금이 완료되었습니다.

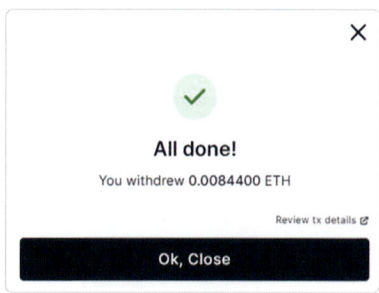

예치한 토큰을 담보로 대출받기

1 담보로 예치금이 있는 상태라고 가정하고 WBTC를 대출해 보겠습니다. 대출할 자산(Assets to borrow)에서 WBTC의 자세한 내용(Details)을 클릭해 상세한 대출 조건을 볼 수 있는 페이지로 이동합니다.

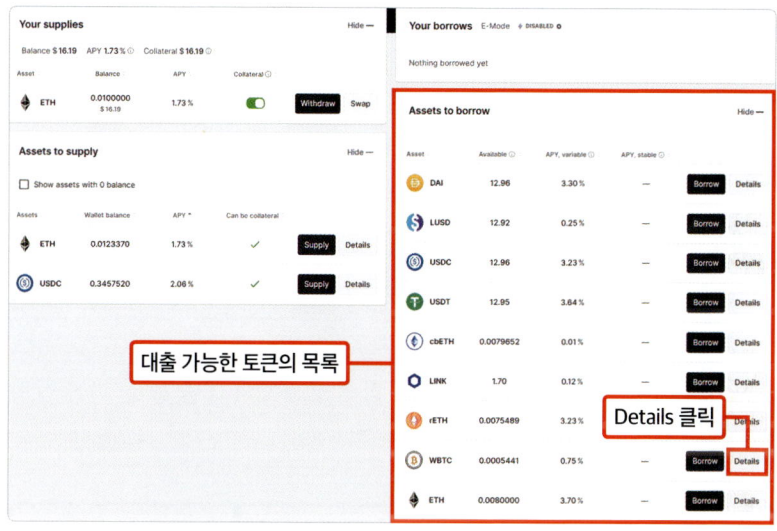

2 WBTC의 상세페이지를 살펴보겠습니다. 최대 LTV(Max LTV)는 담보 금액 대비 최대 대출 한도를 의미합니다. 담보 대비 70%까지만 대출이 가능하네요. 청산 임계치(Liquidation threshold)는 청산의 기준이 되는 부채 비율을 의미합니다. 담보 자산의 가격이 떨어지거나 빌린 자산의 가격이 올라 부채 비율이 75%를 넘어가면 청산이 진행됨을 알 수 있습니다. 청산 수수료(Liquidation penalty)는 청산 시 발생하는 수수료로 6.25%가 차감되는 것을 알 수 있습니다.

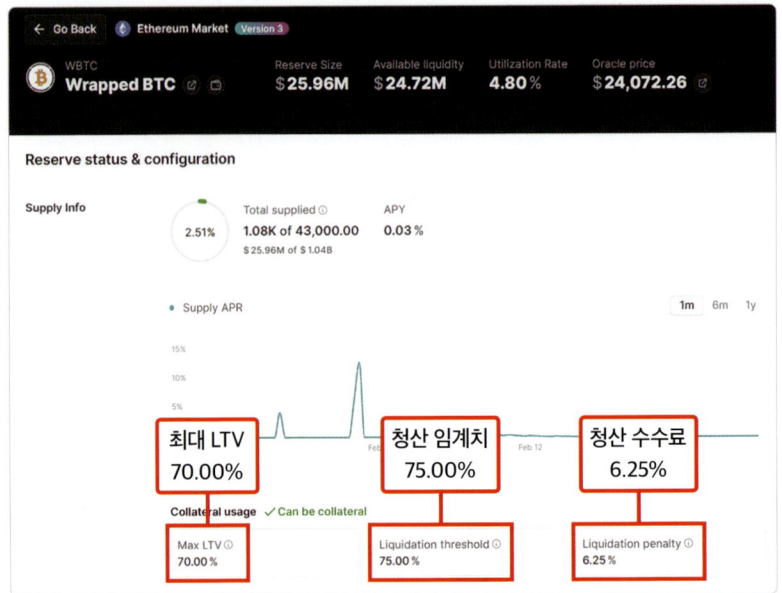

③ 이제 대출을 진행해 보겠습니다. 화면 오른쪽의 대출(Borrow)을 클릭합니다.

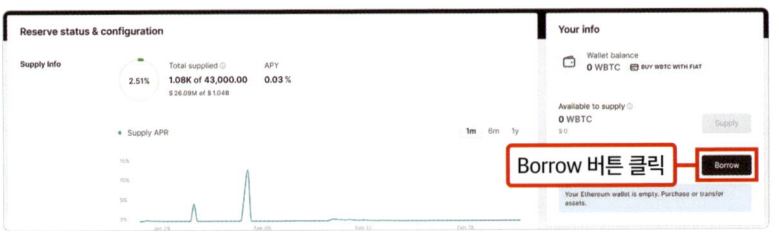

④ 대출받을 수량을 입력합니다. 건강지수(Health factor)는 청산 위험을 나타내는 지표로 1 이하에서 청산이 진행되며, 1보다 높을수록 청산 위험이 줄어든다고 이해하면 됩니다. 참고로 1 이상이더라도 청산 위험

이 높을 경우, 청산 위험이 높아 더 적게 대출 권장(Liquidation risk is high, Lower amounts recommended) 메시지가 표시됩니다. 하단의 대출 버튼(Borrow WBTC)을 클릭합니다. 화면 오른쪽에 뜨는 메타마스크 창에서 가스비 등을 확인하고, 확인 버튼을 누릅니다.

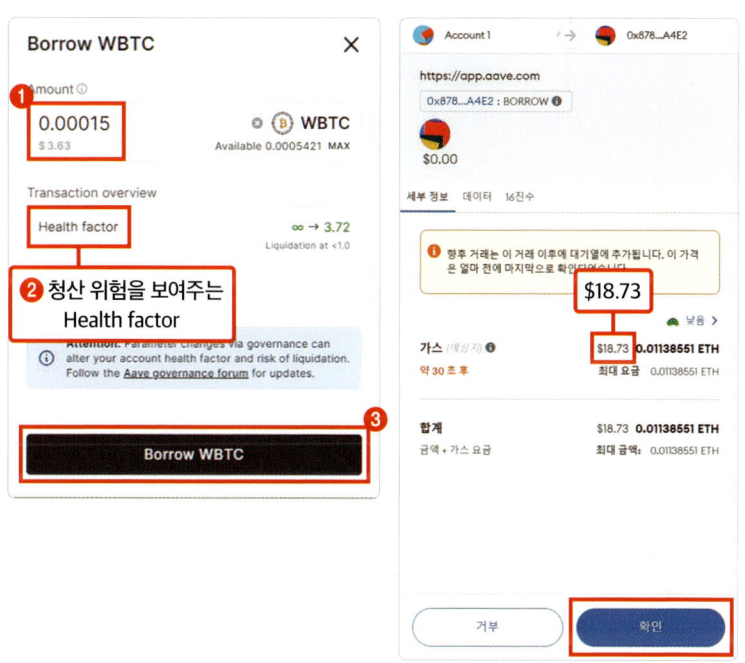

5 트랜잭션이 성공하면, 대시보드의 당신의 대출(Your borrows)에 대출 정보가 표시되고 메타마스크 지갑에 빌린 토큰이 들어옵니다. 이제 건강 지수(Health factor)가 1 이하로 떨어지면 담보로 맡긴 토큰이 청산될 수 있다는 점을 유의하면서 빌린 자산을 운용하면 됩니다. 참고로 이자는 대출을 상환할 때 함께 빠져나갑니다. 왼쪽에 당신의 자산(Your supplies)을

보면, 담보(Collateral) 버튼이 활성화되어 있는데요, 이를 통해 예치한 이더리움이 담보로 사용되고 있음을 알 수 있습니다.

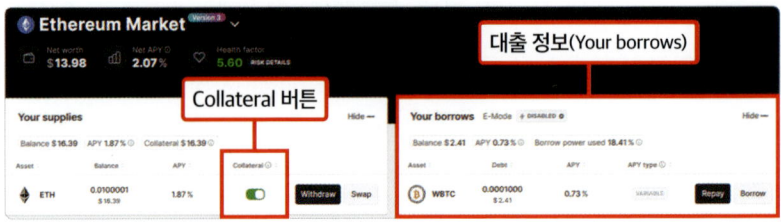

추가 기능 활용하기

아베에는 대출 외에도 몇 가지 기능이 더 있습니다. 먼저, 스왑기능입니다. 이더리움(ETH)을 담보로 맡겼는데, 이더리움(ETH)의 가치가 하락할 것으로 예상되거나 다른 토큰의 가치가 상승할 것으로 예상되면 담보로 맡긴 이더리움(ETH)을 다른 토큰으로 변경할 수 있습니다. 물론, 이 경우 네트워크 수수료가 들어갑니다.

1 대시보드(Dashboard) → 당신의 공급(Your supplies) → 스왑(Swap)을 클릭합니다.

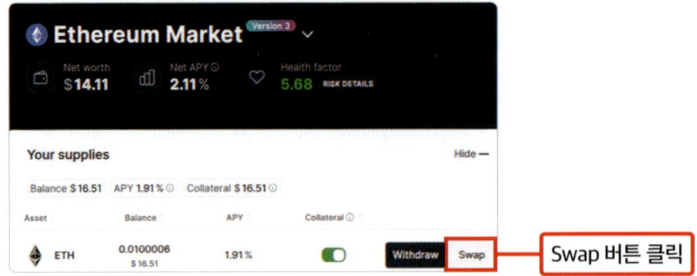

2 예치한 토큰 중 몇 개를 스왑할지 적고, 스왑할 토큰을 선택합니다. 건강지수와 금리, 가스비 등을 확인한 후 스왑 버튼을 누릅니다. 만약 스왑 버튼 위에 Approve to continue 버튼이 활성화되었다면, 해당 버튼을 누른 다음 스왑을 진행하면 됩니다. 우측에 메타마스크 화면이 뜨면 서명을 클릭합니다.

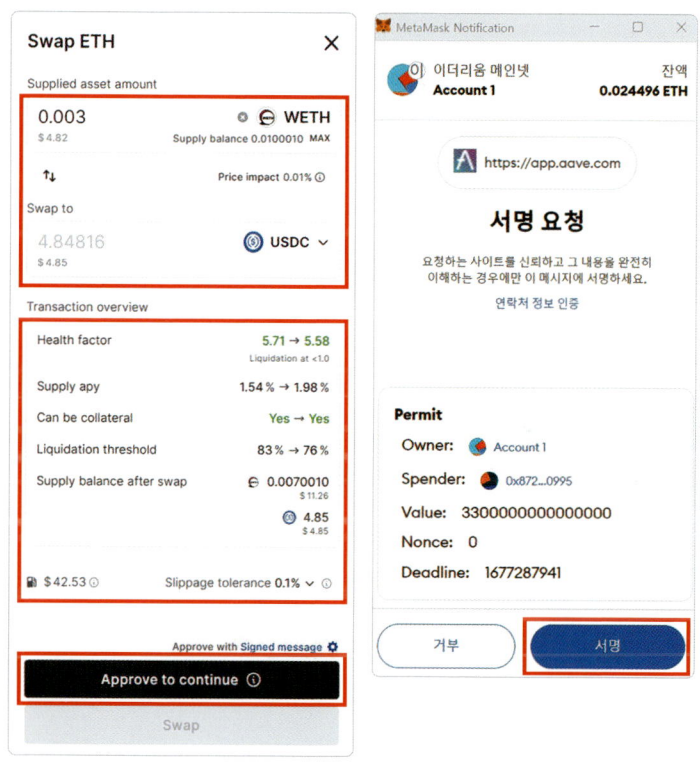

두 번째는 출금 기능입니다. 최소 담보 금액을 제외한 나머지 금액을 출금할 수 있습니다. 다만, 이 경우 부채 비율이 올라가 청산 위험이 커질 수 있습니다.

3️⃣ 대시보드(Dashboard) → 당신의 공급(Your supplies) → 출금(Withdraw)을 클릭합니다.

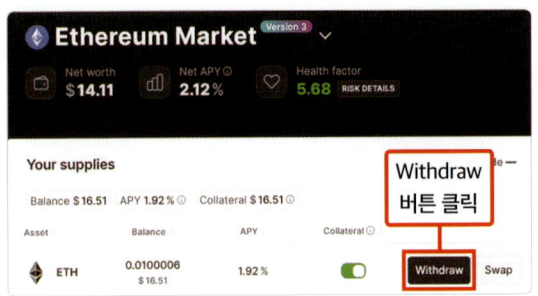

4️⃣ 출금할 수량을 입력하면 건강 지수가 변경됩니다. 확인 후, 출금(Withdraw) 버튼 혹은 Approve to continue 버튼을 클릭합니다. 화면 우측에 메타마스크 창이 뜨면 확인을 눌러 출금을 진행합니다.

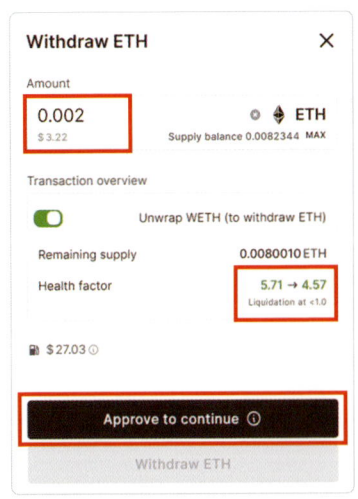

세 번째는 추가 대출 기능입니다. 다만, 담보 금액 변동 없이 대출 금액만 늘릴 경우 부채비율이 높아지면서 청산 위험이 커질 수 있습니다.

5 대시보드(Dashboard) → 당신의 대출(Your borrows) → 대출(Borrow)을 클릭합니다.

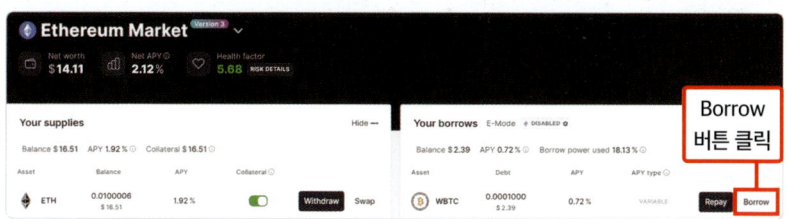

6 추가로 대출받을 토큰의 수량을 입력합니다. 담보는 그대로인데 대출이 늘었으므로 건강지수(Health Factor)가 5.71에서 4.08로 낮아진 것을 확인할 수 있습니다. 하단에 WBTC 대출하기(Borrow WBTC)를 클릭합니다. 화면 우측에 뜨는 메타마스크 창에서 확인을 누릅니다.

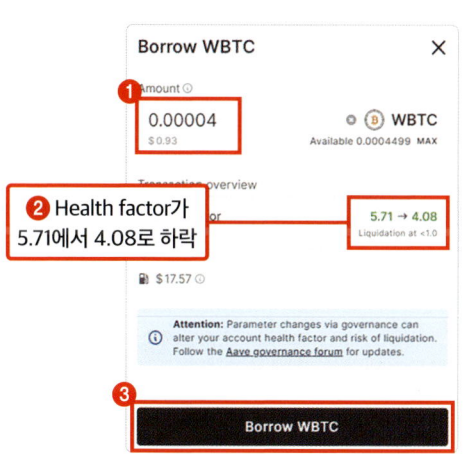
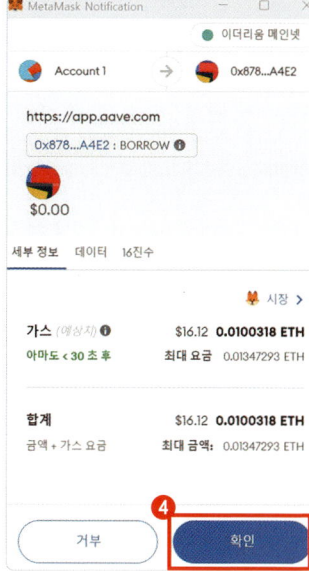

마지막 네 번째는 상환(Repay) 기능입니다. 대출받은 토큰의 상환은 다음과 같은 방법으로 할 수 있습니다.

7️⃣ 먼저, 상환(Repay) 버튼을 클릭합니다.

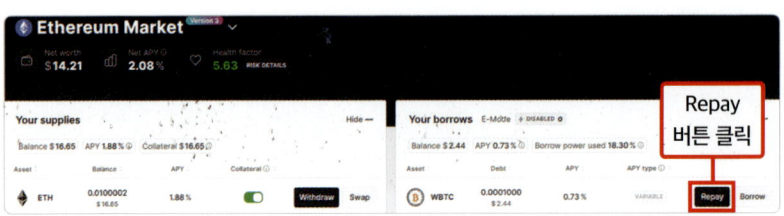

8️⃣ Wallet balance는 메타마스크 지갑의 자산으로 대출받은 토큰을 상환하는 것을 의미하고, Collateral은 아베에 담보로 맡긴 예치금으로 토큰을 상환하는 것의 의미합니다. 원하는 방법을 선택해 주세요. 상환 금액을 적으니 건강지수(Health Factor)가 5.71에서 9.52로 높아진 것을 확인할 수 있습니다. 상환(Repay WBTC) 또는 Approve to continue 버튼을 클릭합니다.

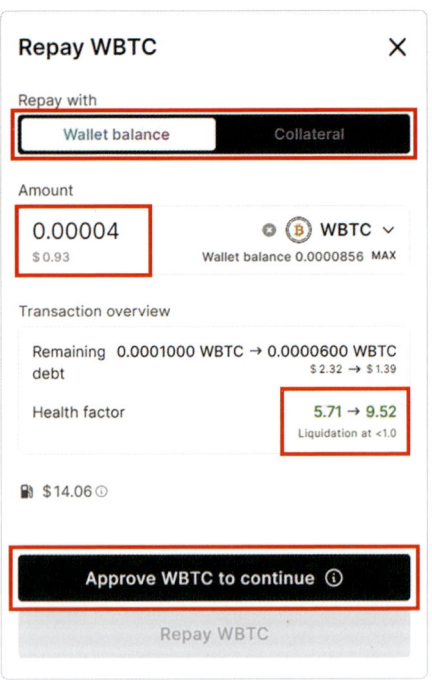

우측에 뜨는 메타마스크 화면에서 확인을
눌러주세요.

9 서명 요청 화면 하단의 서명을 클릭한 후, WBTC 상환하기(Repay WBTC) 버튼을 누릅니다.

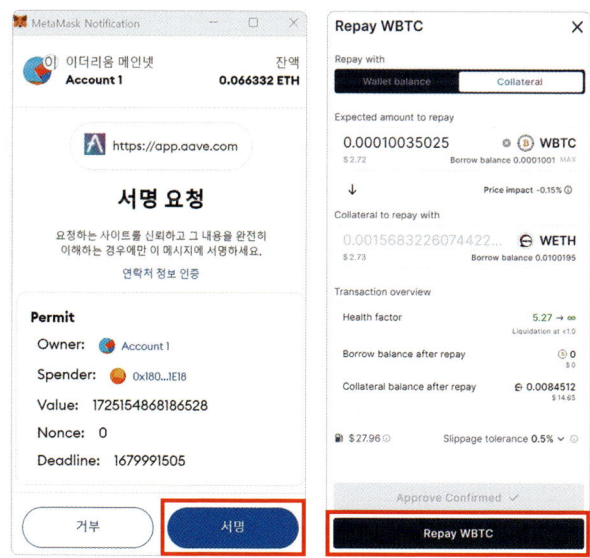

PART 4 | 탈 중앙화 은행 - 머니 마켓

10 오른쪽에 메타마스크 화면이 뜨면 가스비 등을 확인한 후, 버튼을 클릭합니다. 대출 상환이 완료되었습니다!

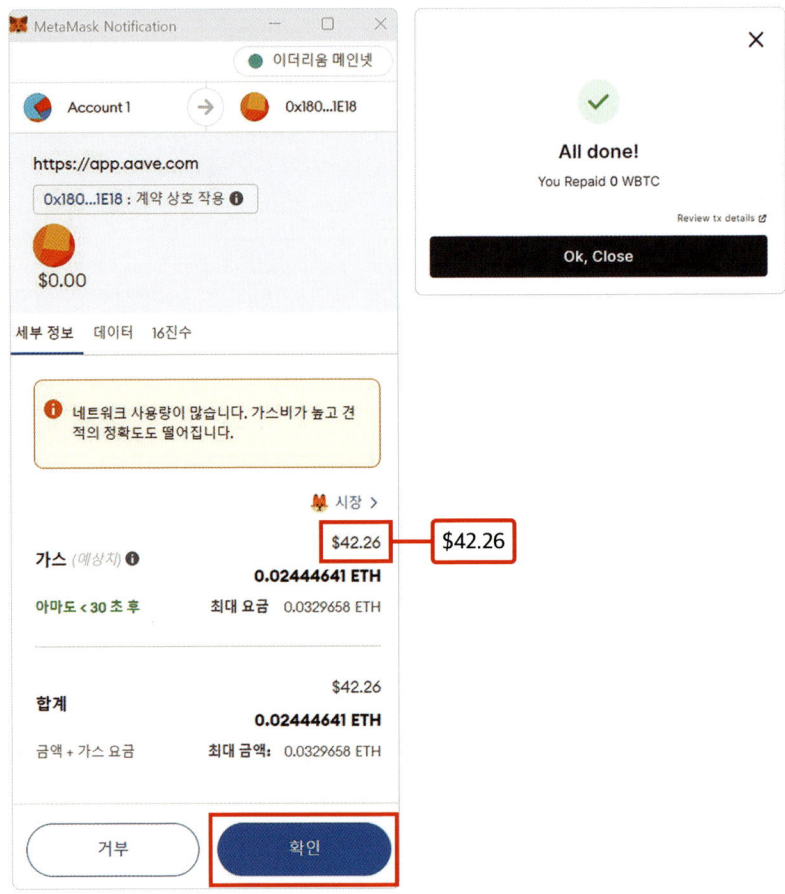

이자수익 최적화
- 일드 옵티마이저

PART 5

1. 일드 옵티마이저란?
2. 커브 파이낸스에서 LP 토큰 받기
3. 컨벡스 파이낸스에서 이자수익 최적화하기

일드
옵티마이저란?

덱스에 유동성을 공급하거나 머니 마켓에 토큰을 예치하면 수익(수수료/이자)을 얻을 수 있습니다. 이렇게 수익을 얻는 방식을 농사를 지어 수확하는 것에 빗대 이자 농사(Yield Farming)라고 표현합니다. 이때, 이자 수익 최적화 방법인 일드 옵티마이저(Yield Optimizer)를 활용해 이자 농사 수익률을 극대화할 수 있습니다. 이해를 돕기 위해 잠시 탈 중앙화 이야기로 돌아가 보겠습니다.

디앱은 탈 중앙화된 방식으로 커뮤니티를 유지합니다. 이를 탈 중앙화된 자율조직 (Decentralized Autonomous Organization), 줄여서 다오(DAO)라고 부릅니다. 생소한 개념처럼 보이지만, 주주들이 투표를 통해 회사의 주요 안건을 결정하는 것과 비슷합니다. 다오에 참여하려면 토큰이 있어야 합니다. 해당 서비스에서 의결권을 행사할 수 있는 토큰을 거버넌스 토큰(Governance Token)이라고 합니다. 주식회사에서 주식을 많이 보유할수록 더 많은 의결권을 행사할 수 있는 것처럼, 다오에서도 거버넌스 토큰의 수량이 많은 이용자가 더 많은 의결권을 갖습니다. 그렇다면 어떻게 거버넌스 토큰을 받을 수 있을까요? 덱스 중 하나인 커브 파이낸스(Curve Finance)를 예시로 들어보겠습니다.*

커브 파이낸스(Curve Finance)에 유동성을 공급하면, 유동성 공급을 했다는 증표로 LP 토큰을 줍니다. 그런데 유동성 공급자들이 LP 토큰을 일시에 팔아버리면(유동성 회수) 커브 파이낸스 서비스가 유지되기 어렵겠죠? 그래서 커브 파이낸스는 유동성 공급자가 LP 토큰을 예치하면 CRV 토큰을 보상으로 줍니다. 이 CRV 토큰을 가지고 있으면 거버넌스 토큰인 veCRV 토큰을 받을 수 있습니다. 중요한 점은 CRV 토큰을 더 오래, 더 많이 예치할수록 더 많은 거버넌스 토큰을 받을 수 있다는 것입니다. 소액 투자자보다 고액 투자자가 유리한 구조입니다.

만약, 소액 투자자가 고액 투자자처럼 수익률을 극대화하고 싶다면 어떻게 해야 할까요? 일드 옵티마이저 서비스인 컨벡스 파이낸스(Convex Finace)를 이용하면 됩니다. 서비스 구조는 다음과 같습니다. 먼저, 커브 파이낸스에 유동성을 공급하고 받은 LP 토큰을 커브 파이낸스가 아닌 컨벡스 파이낸스에 예치합니다. 컨벡스 파이낸스는 소액 투자자들이 예치

---

* 디앱마다 거버넌스 토큰을 받을 수 있는 구조가 다릅니다.

한 LP 토큰을 모아서 커브 파이낸스에 예치합니다. 컨벡스 파이낸스가 예치한 LP 토큰은 수량이 많기 때문에 더 높은 수익률로 보상을 받을 수 있습니다. 이 보상을 다시 컨벡스 파이낸스 이용자에게 재분배하면 소액 투자자들은 직접 커브 파이낸스에 LP 토큰을 예치했을 때보다 더 많은 보상을 받게 됩니다. 다만, 커브 파이낸스에 CRV 토큰을 예치한 대가로 받은 veCRV 토큰의 소유권은 컨벡스 파이낸스에 있습니다. 소액투자자 관점에서 보면, 수익률을 높이는 대신 의결권은 컨벡스 파이낸스에게 위임하는 구조입니다.

이처럼 디파이 세계에서는 여러 디앱 서비스를 서로 연결해 자유롭게 조합하는 것이 가능합니다. 이러한 개념을 머니 레고(Money Lego)라고 합니다. 오픈 소스로 공개한 코드를 가져다 제3의 금융 서비스를 창출할 수 있는 것이죠. 다만, 한 디앱 서비스가 취약해지면 연계된 다른 서비스에도 영향을 줄 수 있다는 문제는 앞으로 풀어야 할 숙제입니다.

커브 파이낸스에서 LP 토큰 받기

메타마스크 지갑 연결하기

1. 커브 파이낸스 웹사이트(curve.fi)에 접속한 후, 지갑 연결하기(Connect Wallet)를 클릭합니다.

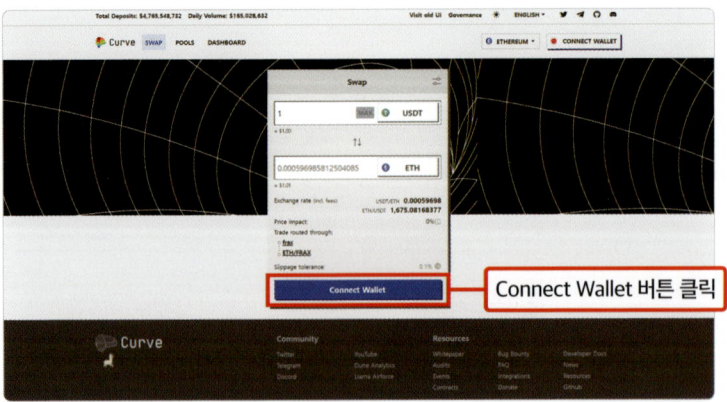

2 메타마스크를 선택합니다.

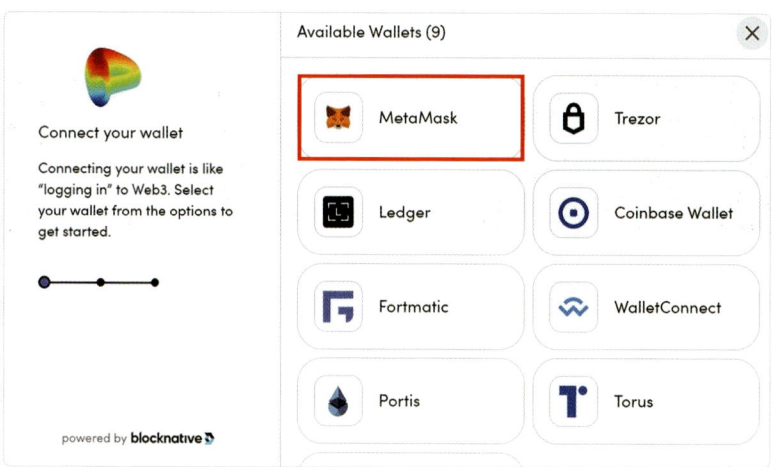

3 화면 오른쪽에서 다음을 클릭한 후, 다시 연결을 클릭합니다.

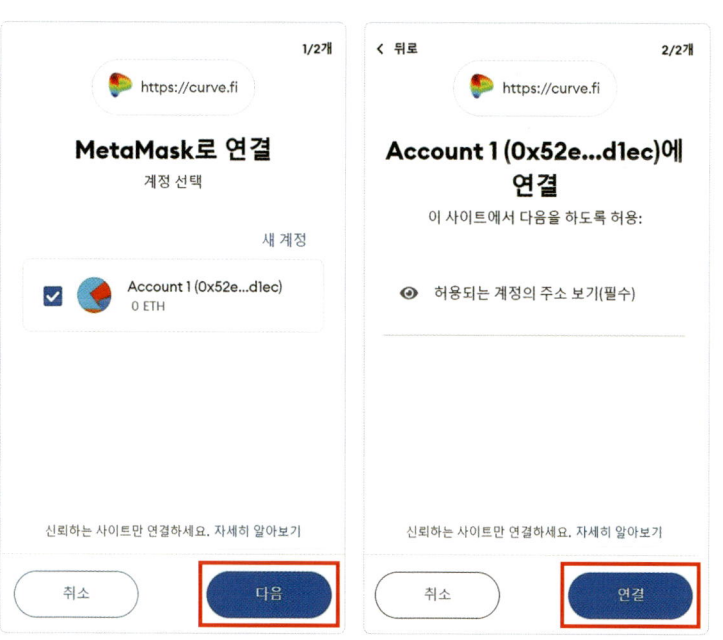

4️⃣ 커브 파이낸스와 메타마스크 지갑이 연결되었습니다.

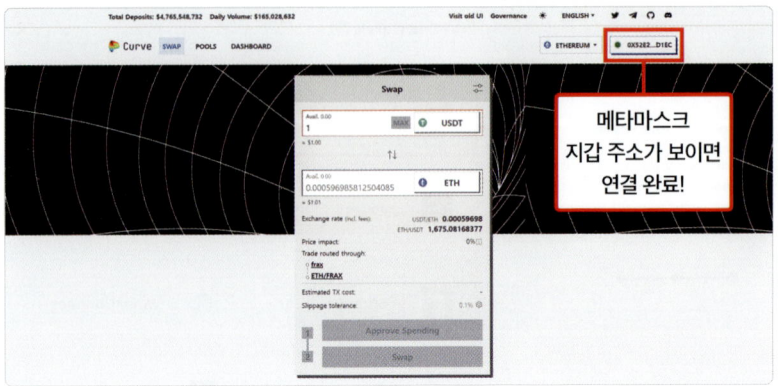

유동성 공급하기

1️⃣ 풀(Pools) 탭을 클릭합니다. 유동성을 공급할 수 있는 풀들의 목록이 나옵니다. 이름 아래에서 해당 풀을 구성하고 있는 토큰을 확인할 수 있습니다. 오른쪽에는 Base vAPY와 Rewards tAPR 가 있습니다. Base vAPY는 유동성 공급에 대한 예상 수익률, Rewards tAPR는 CRV 토큰 등의 추가 보상을 받는 경우를 고려했을 때의 예상 수익률입니다.

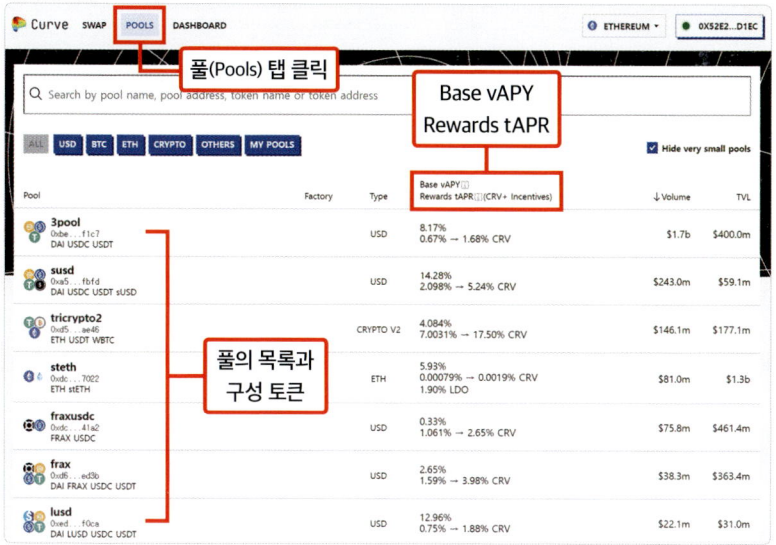

2️⃣ DAI, USDC, USDT로 구성된 3pool을 클릭하면, 아래와 같은 화면이 나옵니다. 입금(Deposit) 탭에서 유동성을 공급할 토큰 수량을 입력합니다.

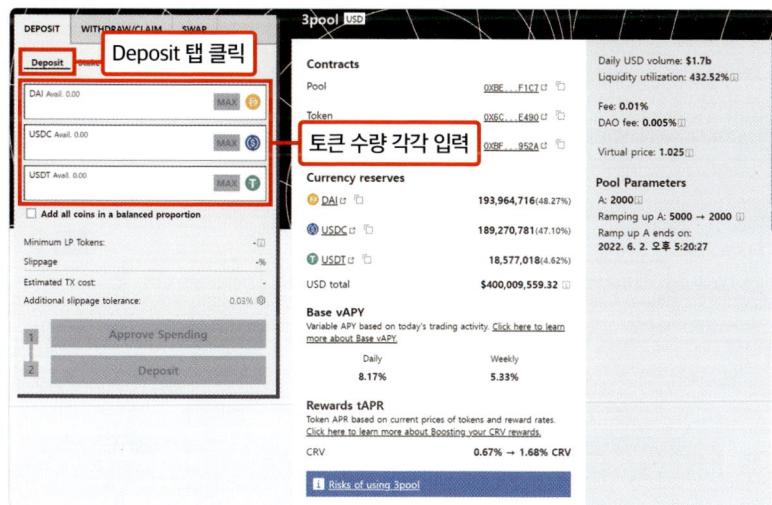

PART 5 | 이자수익 최적화 - 일드 옵티마이저

3️⃣ 유니스왑에서는 토큰 쌍의 가치를 1:1로 맞춰 입금해야 했지만, 커브 파이낸스에서는 토큰 수량을 지정할 수 있습니다. 세 종류의 토큰을 균형 잡힌 비율로 추가하고 싶다면, Add all coins in a balanced proportion에 체크해주세요. 자동으로 적정 비율이 산정됩니다.

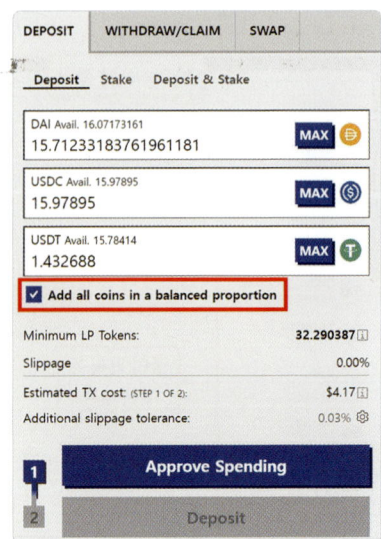

4️⃣ 토큰 수량을 임의로 입력해 보겠습니다. 왼쪽에는 슬리피지 보너스(Slippage Bonus)가 오른쪽에는 슬리피지 로스(Slippage Loss)가 생겼습니다. 어떤 차이가 있는 걸까요?

공급이 부족한 토큰을 공급하면 슬리피지 보너스가 발생하며 유리한 가격으로 체결이 됩니다. 반면 공급이 충분한 토큰을 공급하면 슬리피지 로스가 발생하며 불리한 가격으로 체결이 되죠. 수량을 계속 조절하면서 슬리피지 변화를 살펴보면 어떤 토큰이 공급이 부족하고, 어떤 토큰이 공급이 충분한 지 알 수 있습니다.*

5 수량을 입력한 후, Approve Spending을 클릭합니다.

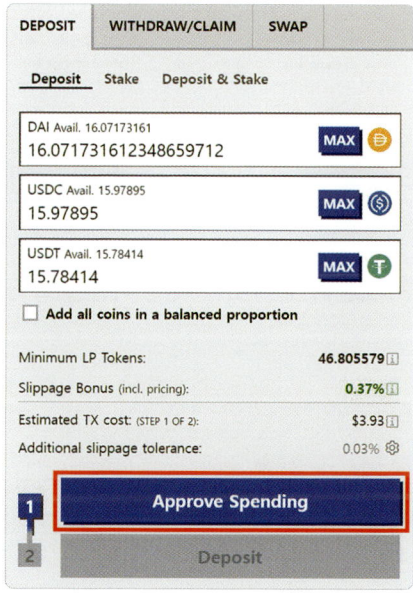

---

* 유동성 풀 내 토큰 비율의 균형을 맞추면서 입금할 경우 수수료를 면제받을 수 있습니다.

6 오른쪽에 각각의 코인에 접근할 수 있는 권한 부여 화면이 뜨면 확인을 클릭합니다.

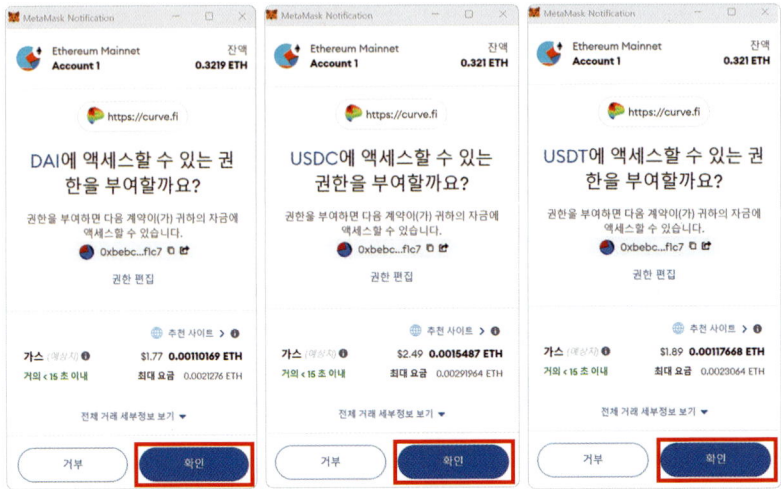

7 예치(Deposit) 버튼을 클릭한 후, 오른쪽에 나오는 확인 버튼을 눌러주세요.

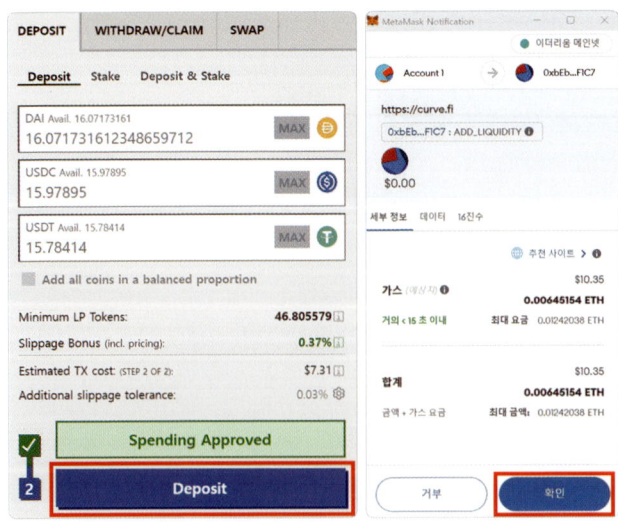

8 예치가 완료되었고, 보상으로 LP 토큰이 지급되었습니다. 출금 (WITHDRAW/CLAIM) 탭에서 46.8261977 개의 LP 토큰을 확인할 수 있습니다.

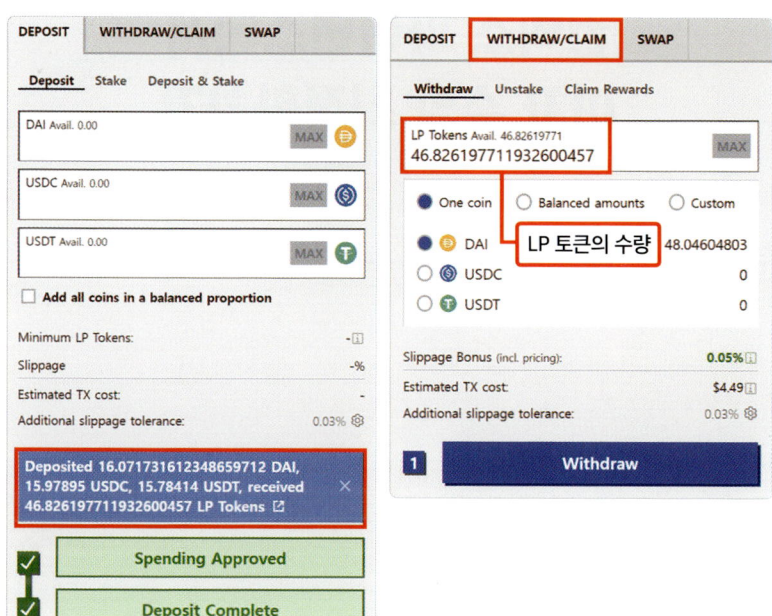

컨벡스 파이낸스에서 이자 수익 최적화하기

메타마스크 지갑 연결하기

1 컨벡스 파이낸스 웹사이트(convexfinance.com)에 접속합니다. 우측 상단에 있는 지갑 연결하기(Connect Wallet)를 클릭하고, MetaMask를 눌러주세요.

2 화면 오른쪽에서 다음을 클릭한 후, 다시 연결을 클릭합니다.

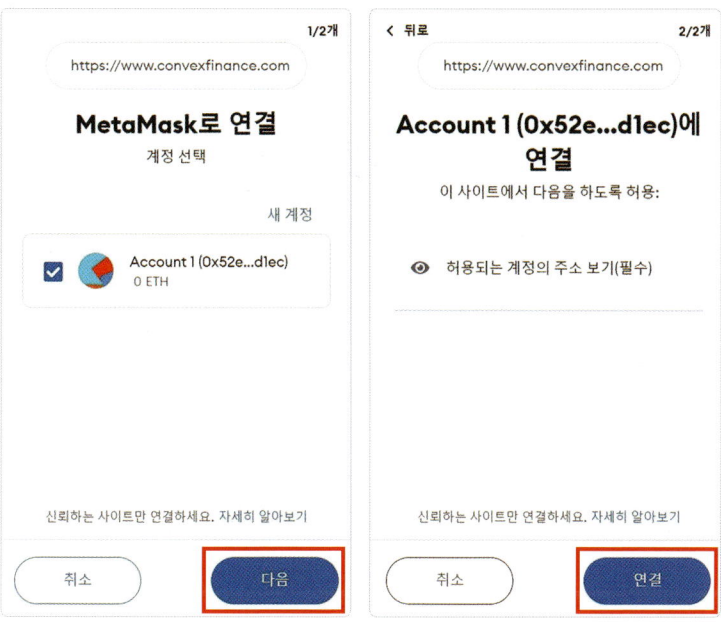

3 컨벡스 파이낸스에 메타마스크 지갑이 연결되었습니다.

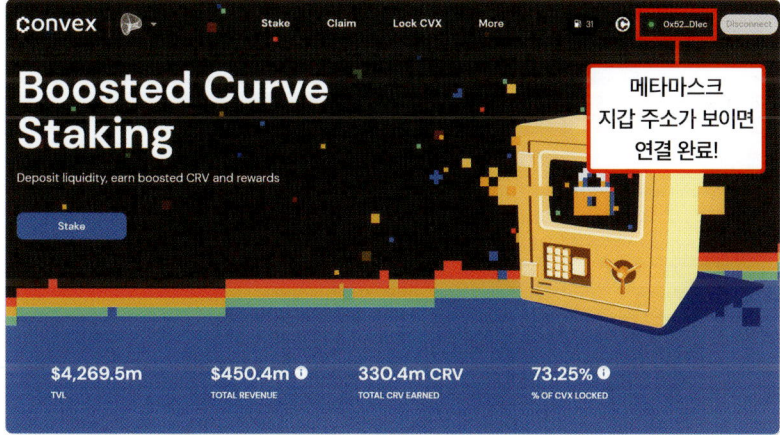

메타마스크 지갑 주소가 보이면 연결 완료!

PART 5 | 이자수익 최적화 – 일드 옵티마이저

> **이자 수익 최적화하기**

1. 예치(Stake) 탭을 클릭합니다.

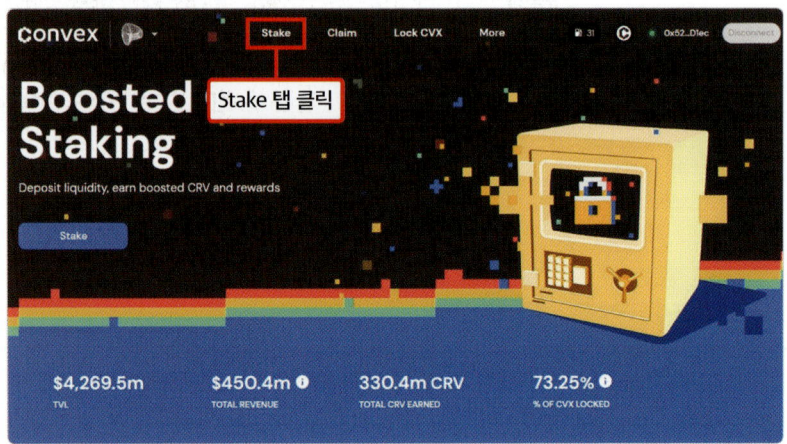

2. LP 토큰 예치하기(Stake Curve LP Tokens) 검색창에 앞서 커브 파이낸스에서 유동성을 공급한 풀을 입력합니다. DAI + USDC + USDT를 클릭합니다.

❸ 커브 파이낸스에서 유동성을 공급하고 받은 LP 토큰 수량을 입력한 후, 접근 권한 승인(Approve)을 클릭합니다. 오른쪽에 액세스 권한 부여 화면이 뜨면 확인을 눌러주세요.

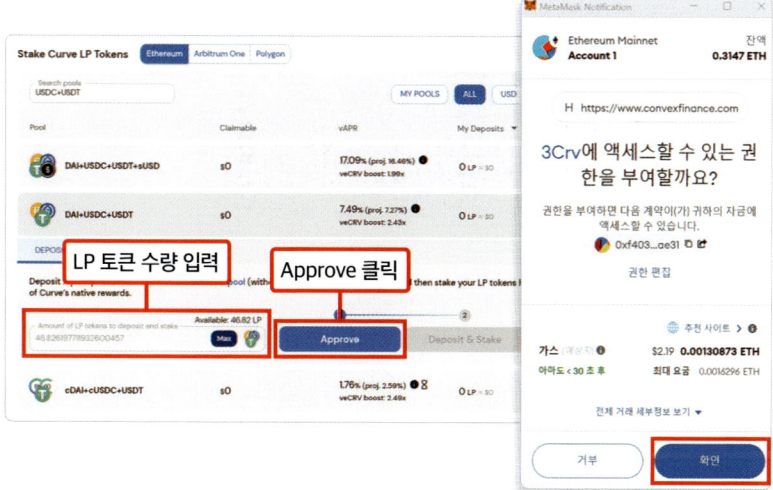

❹ 입금 및 스테이킹 (Deposit & Stake) 버튼을 클릭합니다. 오른쪽과 같은 화면이 뜨면 예상 가스비 등을 확인 후, 확인 버튼을 누릅니다.

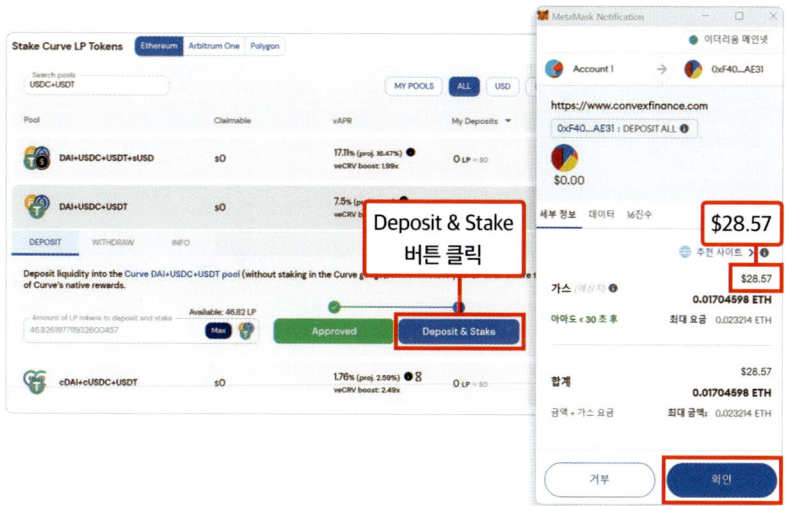

5️⃣ 예치(Stake) → LP 토큰 예치하기(Stake Curve LP Tokens) → MY POOLS에서 내역을 확인할 수 있습니다. i 버튼을 클릭하면 수익률의 상세 내역을 확인할 수 있습니다.

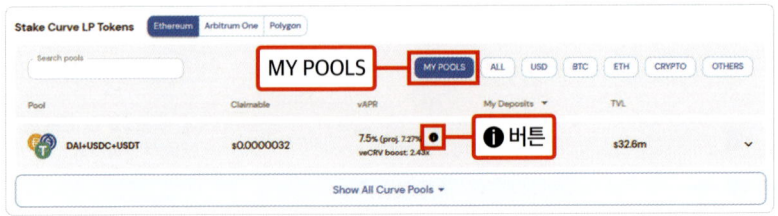

6️⃣ 현재 연 수익률(Current vAPR)은 7.5%이고, 예상되는 연 수익률(Projected vAPR)은 7.27%입니다.

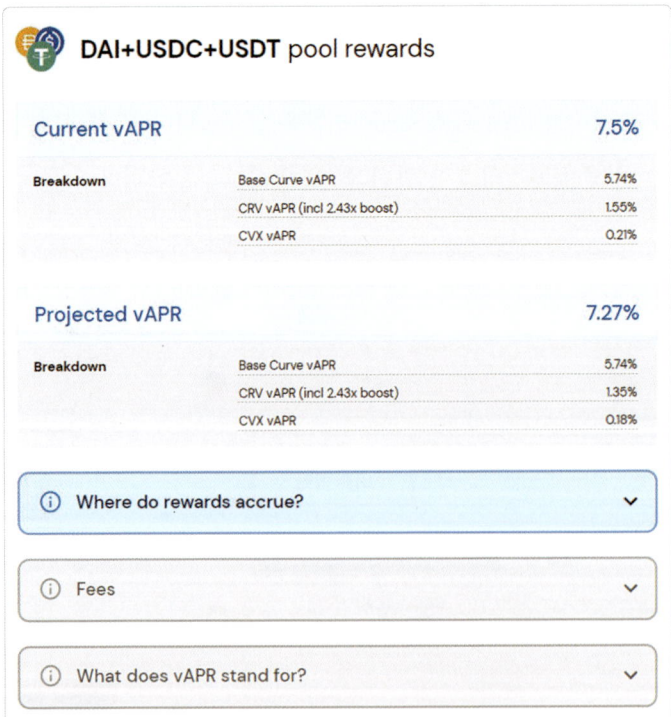

7 회수(Claim) 탭에서는 보상으로 받은 수익을 확인하고 회수할 수 있습니다. Claim all 버튼을 클릭합니다.

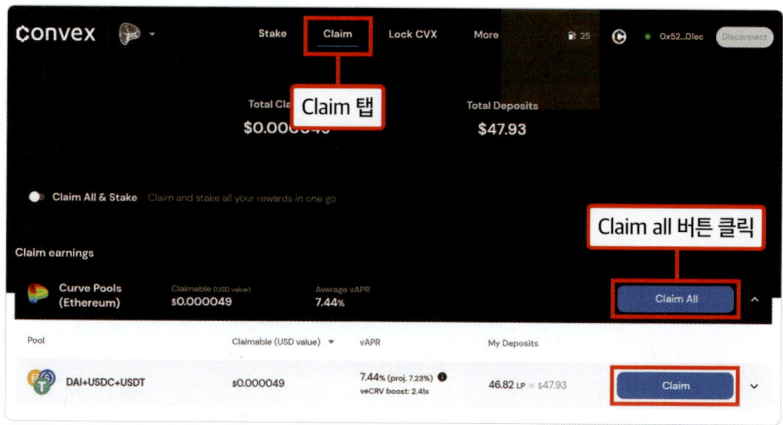

8 오른쪽에 메타마스크 창이 뜨면 확인 버튼을 누르세요. 회수가 완료됩니다.

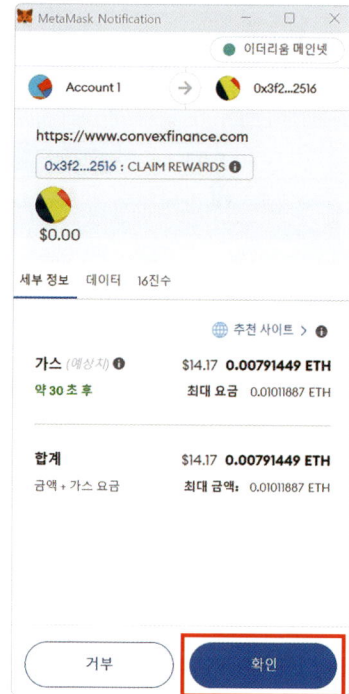

커브 파이낸스에 유동성을 공급하고 보상으로 LP 토큰을 받을 수 있었던 것처럼, 컨벡스 파이낸스에서도 참여에 대한 보상으로 CVX 토큰을 받을 수 있습니다.* CVX 토큰을 스테이킹하면 켄벡스 파이낸스의 거버넌스 토큰인 cvxCRV를 받을 수 있습니다. 진행 과정은 다음과 같습니다.

9 먼저, CVX 토큰 묶어 두기(Lock CVX) 탭을 선택합니다. 그다음 수량을 입력한 후, Approve 버튼을 눌러 주세요.

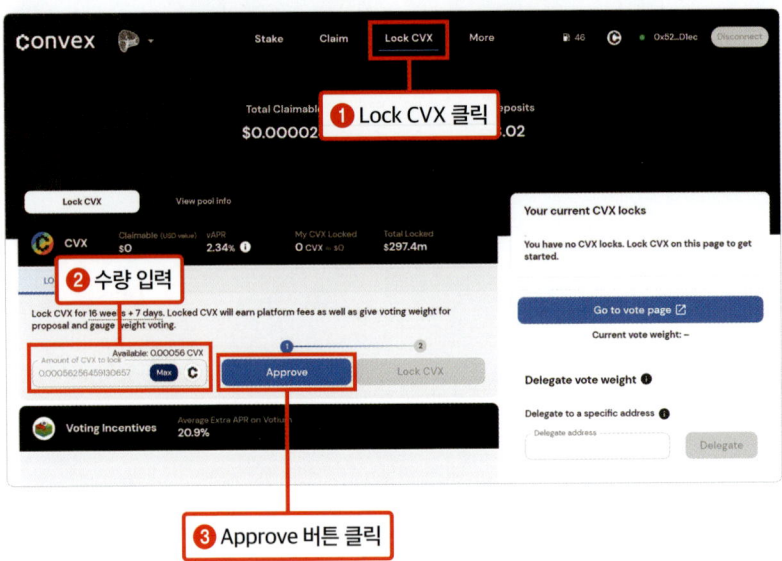

---

* 3pool의 경우 CRV와 CVX가 함께 보상으로 제공되며, 토큰을 회수할 때 지갑으로 들어옵니다.

180 디파이 투자, 지금은 공부가 필요합니다

🔟 지출 한도를 설정하고 다음 버튼을 클릭합니다. 검토 화면이 뜨면 승인 버튼을 눌러주세요.

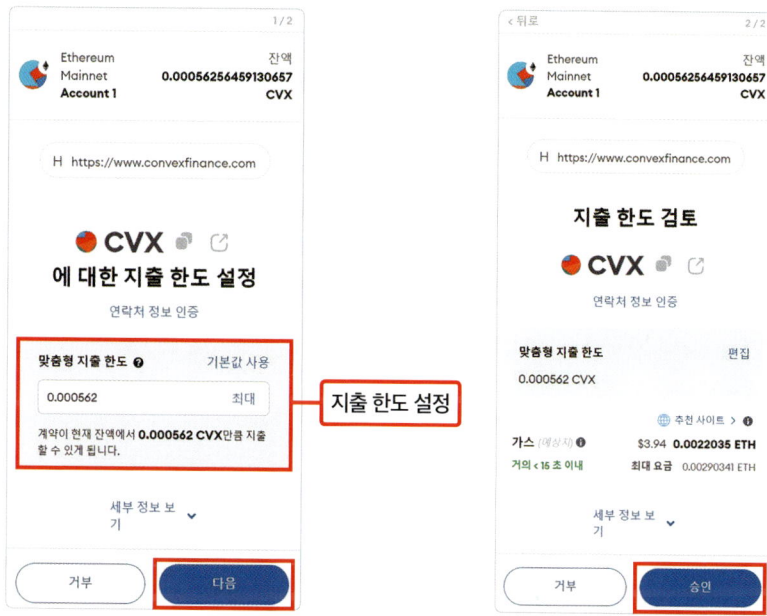

1️⃣1️⃣ Lock CVX 버튼이 활성화되면 클릭합니다.

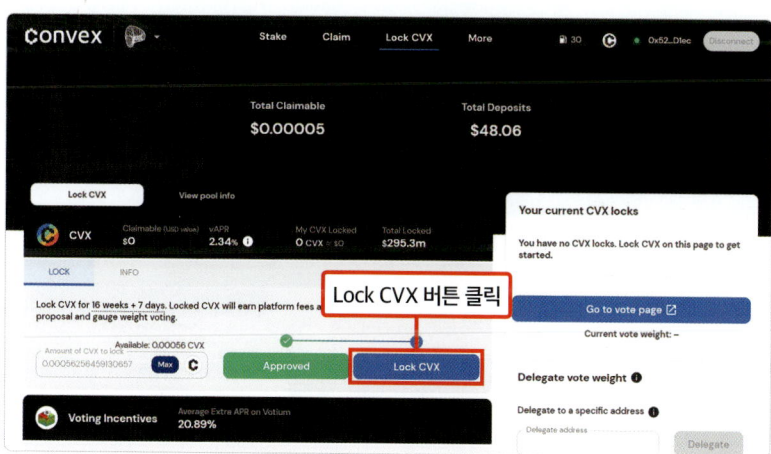

⓬ 오른쪽에 메타마스크 창이 뜨면 가스비 등을 확인하고, 확인 버튼을 누릅니다.

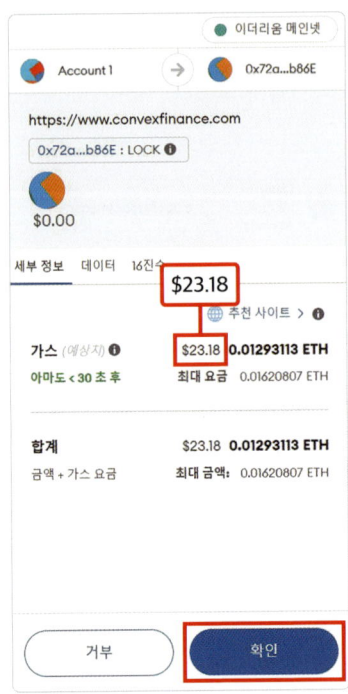

⓭ 모든 과정이 완료되었습니다.

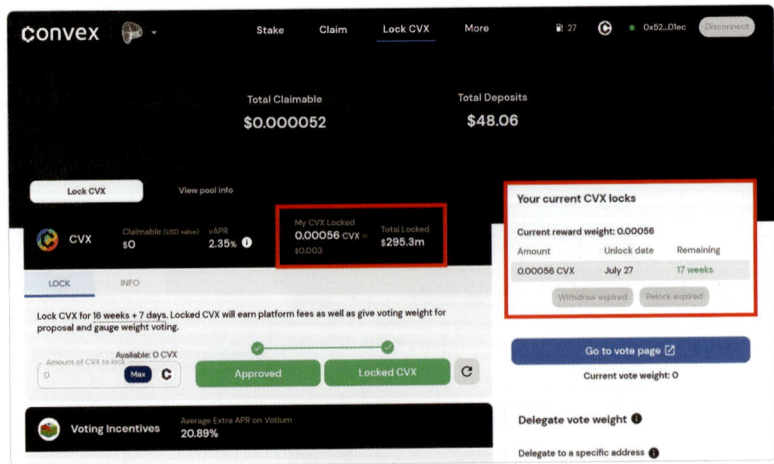

다양한 네트워크의 디앱 활용하기

PART 6

1. 네트워크들의 차이점과 유사점
2. 네트워크 변경하기
3. 네트워크간 자산 옮기기

지금까지 이더리움 네트워크 기반의 디앱 서비스를 살펴봤습니다. 하지만 이더리움 네트워크 외에도 다양한 네트워크가 존재합니다. 바이낸스 스마트체인(BSC)* 네트워크만 해도 무려 400개가 넘는 디앱이 서비스되고 있죠. 좋은 투자 기회를 발견하기 위해서는 다양한 네트워크의 디앱을 탐색하고 이용할 수 있어야 합니다. 지금부터 네트워크들의 차이점과 유사점을 알아보고, 네트워크를 변경하는 법과 자산 옮기는 법을 배워보겠습니다.

디파이 세계의 다양한 네트워크들

---

* 최근 BNB 스마트체인으로 이름을 변경했습니다.

네트워크들의
차이점과 유사점

네트워크를 이용하기 위해서는 네트워크 수수료를 지불해야 합니다. 실습에서 살펴본 가스비가 바로 네트워크 수수료였죠. 그런데 가스비를 지불하기 위한 토큰이 네트워크 별로 다 다릅니다. 이더리움 네트워크의 디앱을 이용하기 위해서는 이더리움(ETH) 토큰이 필요하고, BSC 네트워크의 디앱을 이용하려면 비앤비(BNB) 토큰이 있어야 합니다.

네트워크 이름	네이티브토큰(통화 기호)
이더리움	이더리움(ETH)
바이낸스 스마트체인	비앤비(BNB)
폴리곤	매틱(MATIC)
아발란체	에이백스(AVAX)

반면 비슷한 서비스는 네트워크가 달라도 사용법이 유사합니다. 아래는 이더리움 네트워크의 대표 덱스인 유니스왑과 BSC 네트워크의 대표 덱스인 팬케이크스왑(pancakeswap.finance)에서 토큰을 스왑하는 화면입니다. 둘 다 지갑을 연결하고, 스왑할 토큰을 선택하고, 스왑 버튼을 눌러 거래하는 구조로 되어 있어, 어느 한 디앱을 사용할 줄 알면 다른 디앱 역시 쉽게 활용이 가능합니다.

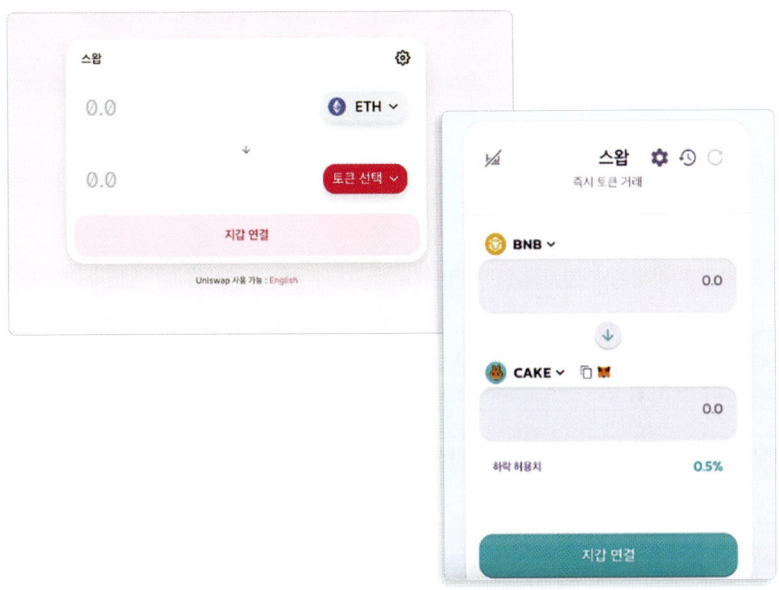

네트워크 변경하기

메타마스크는 이더리움 가상머신과 호환되는(EVM Compatible) 네트워크에서만 사용이 가능합니다. 기본 값으로 이더리움 네트워크(Ethereum Mainnet)가 설정되어 있는데, 다른 네트워크를 추가해 보겠습니다.

1️⃣ 우측 상단에 있는 이더리움 메인넷을 클릭한 후, 네트워크 추가를 선택합니다.

2️⃣ 원하는 네트워크를 선택합니다. 책에서는 BNB Smart Chain으로 진행해보겠습니다.

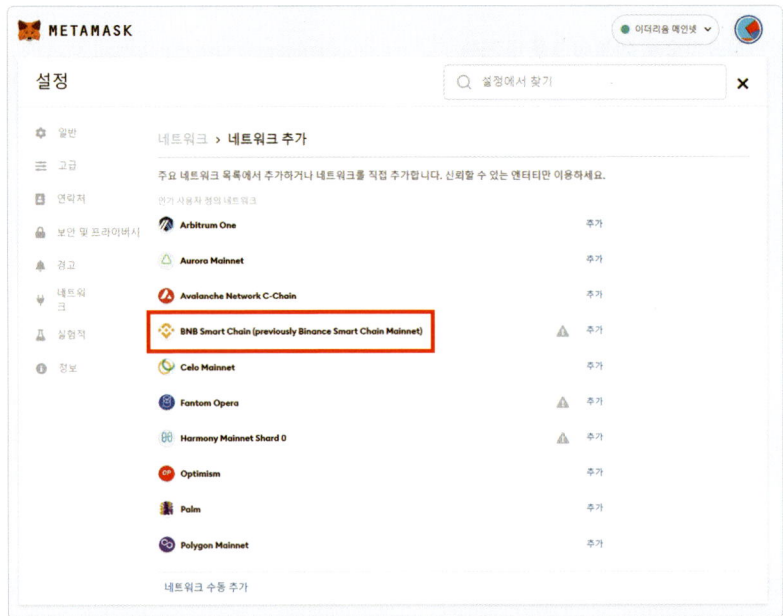

3️⃣ 네트워크 정보를 확인하고 승인을 클릭합니다.

4️⃣ 네트워크로 전환을 누른 후, 확인을 클릭합니다.

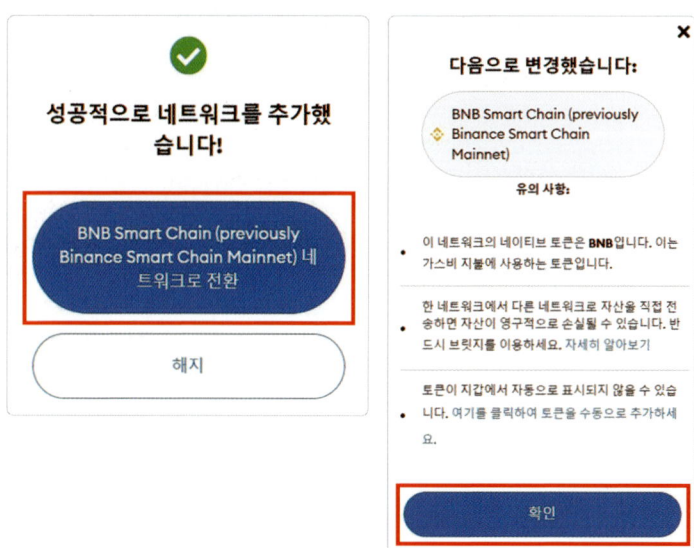

5️⃣ 우측 상단의 네트워크를 클릭하면, 연결된 네트워크를 확인할 수 있습니다. 현재는 BNB Smart Chain 네트워크가 기본으로 되어 있지만, 언제든지 이더리움 메인넷으로 변경이 가능합니다.

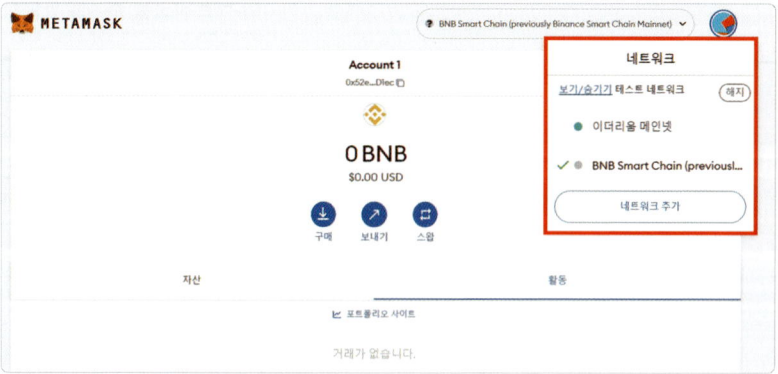

만약 이더리움 가상 머신과 호환되지 않는 네트워크를 이용하고 싶다면 어떻게 해야 할까요? 해당 네트워크를 지원하는 지갑을 먼저 만들고, 그 다음 디앱에 연결해 사용하면 됩니다.

네트워크	대표 지갑
이더리움 가상머신 호환	메타마스크(MetaMask)
솔라나(Solana)	솔렛(Sollet)
믹신(Mixin)	믹신 지갑
카르다노(Cardano)	다이달로스(Daedalus)

네트워크간
자산 옮기기

이더리움 네트워크의 디앱을 사용하던 중 우연히 더 좋은 디앱을 발견했습니다. 그런데 새로운 디앱은 BSC 네트워크네요. 새로운 디앱을 사용하기 위해서는 이더리움 네트워크에 있는 자산을 BSC 네트워크로 옮겨야 합니다. 어떻게 서로 다른 네트워크 간에 자산을 옮길 수 있을까요? 크게 두 가지 방법이 있습니다.

브릿지 서비스 이용하기

서로 다른 네트워크를 이어주는 서비스를 브릿지(Bridge) 서비스라고 합니다.

1 디파이라마 사이트에 접속한 후, 왼쪽 Defi 클릭 → 하위 탭 중 Categories 클릭 → 4번째 Bridge 클릭합니다.

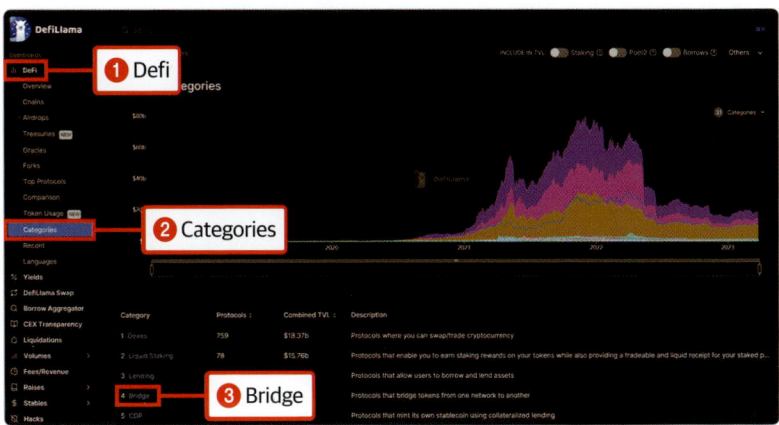

2 다양한 브릿지 서비스와 해당 서비스가 지원하는 네트워크를 확인할 수 있습니다. 서비스 규모는 WBTC가 가장 크지만, 지원하는 체인이 1개 밖에 없습니다. 다양한 네트워크를 지원하는 브릿지 서비스 중에는 세 번째에 나와 있는 Multichain이 가장 규모가 크네요. (53개 체인 지원)

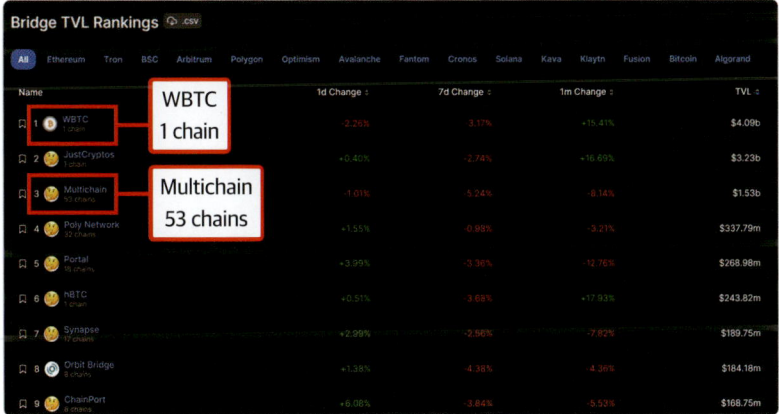

PART 6 | 다양한 네트워크의 디앱 활용하기

서비스마다 다를 수 있지만, 보통 브릿지는 보내는 네트워크에서의 토큰을 영구히 없애고(Burn 하고), 받는 쪽 네트워크에서 해당 자산에 대응하는 토큰을 새로 만들어(Mint) 주는 방식으로 작동합니다. 예를 들어, 브릿지 서비스를 이용해 이더리움 네트워크에 있는 이더리움(ETH) 3개를 아발란체 네트워크로 보내면 동일한 양의 WETH 토큰을 발행해 줍니다. 여기서 W는 포장한(Wrapped)이라는 의미를 담고 있는데요. 간단히 ETH와 동일한 가치를 갖는 토큰을 새로 발행한 것이라고 이해하면 됩니다.

그럼, 지금부터 대표적인 브릿지 서비스인 멀티체인으로 네트워크 간 자산을 옮기는 과정을 실습해 보겠습니다.

3 멀티체인(multichain.org)에 접속합니다. 우측 상단에 Enter App을 클릭합니다.

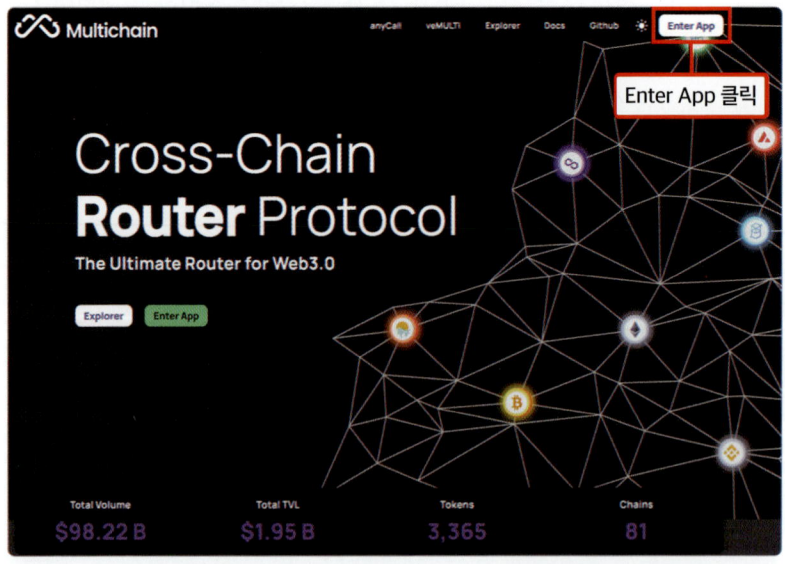

4️⃣ 우측 상단의 지갑 연결하기(Connect to Wallet)를 클릭한 후, 메타마스크를 선택합니다.

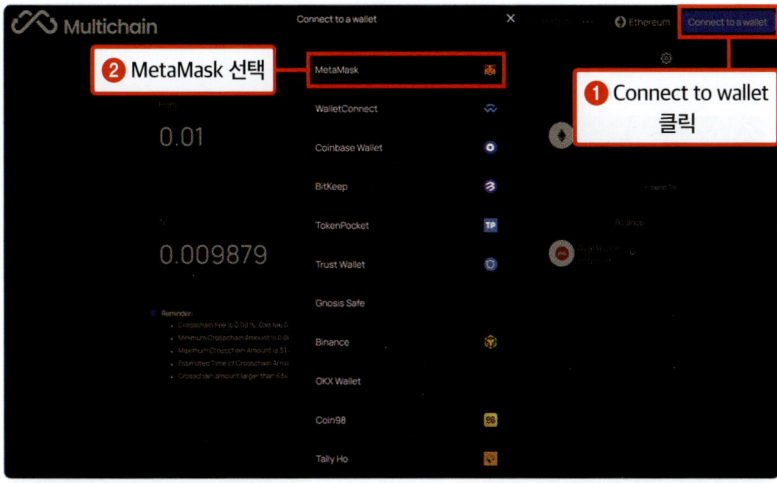

5️⃣ 우측에 뜨는 메타마스크 화면에서 다음을 클릭합니다. 뒤이어 나오는 화면에서 연결을 클릭합니다.

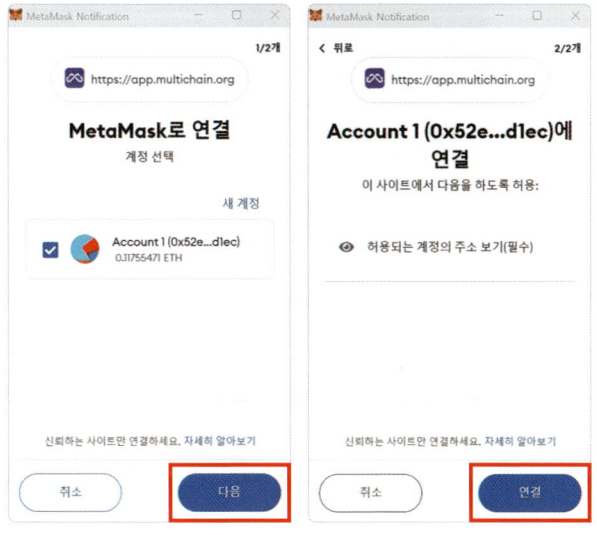

PART 6 | 다양한 네트워크의 디앱 활용하기

6 토큰 종류와 네트워크 종류를 선택한 후, Reminder에 나와 있는 수수료 정책을 확인합니다. 영어로 되어 있지만, 파파고 또는 구글 번역기를 활용하면 어렵지 않게 내용을 파악할 수 있습니다. 확인 후, 하단의 스왑(Swap) 버튼을 누릅니다.

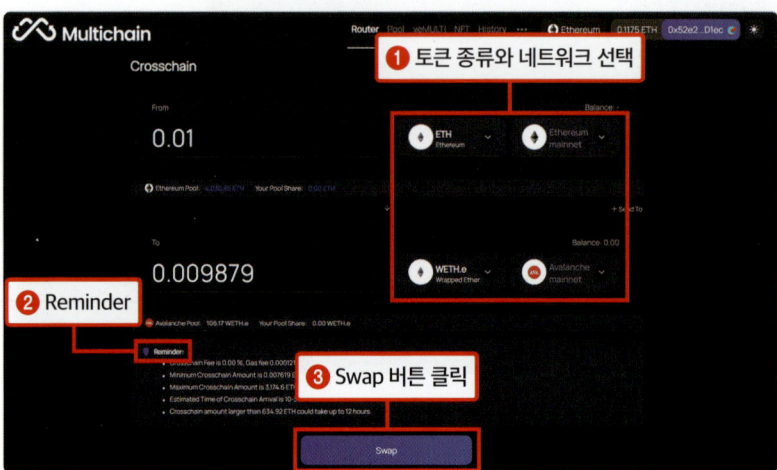

7 다시 한번 내용을 체크하고, 확인(Confirm) 버튼을 눌러 주세요. 우측에 뜨는 메타마스크 화면에서 가스비를 확인하고, 하단의 확인 버튼을 클릭합니다.

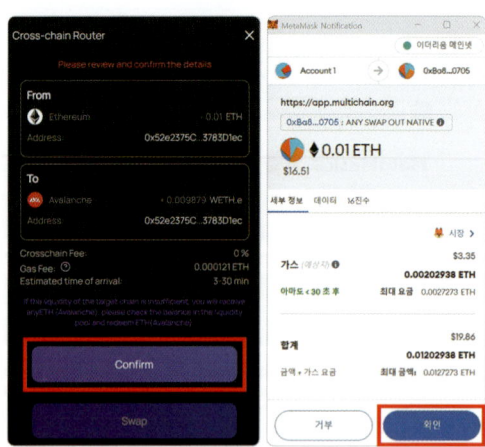

디파이 투자, 지금은 공부가 필요합니다

8 진행 상황을 나타내는 창이 나오는데요, 성공 여부를 확인한 다음 창을 닫습니다.

9 메타마스크 지갑에서 아발렌체 네트워크를 선택한 후, 자산 탭에서 옮겨진 토큰을 확인합니다. 그런데 네트워크를 변경해도 토큰이 보이지 않습니다. 토큰 등록이 필요합니다.

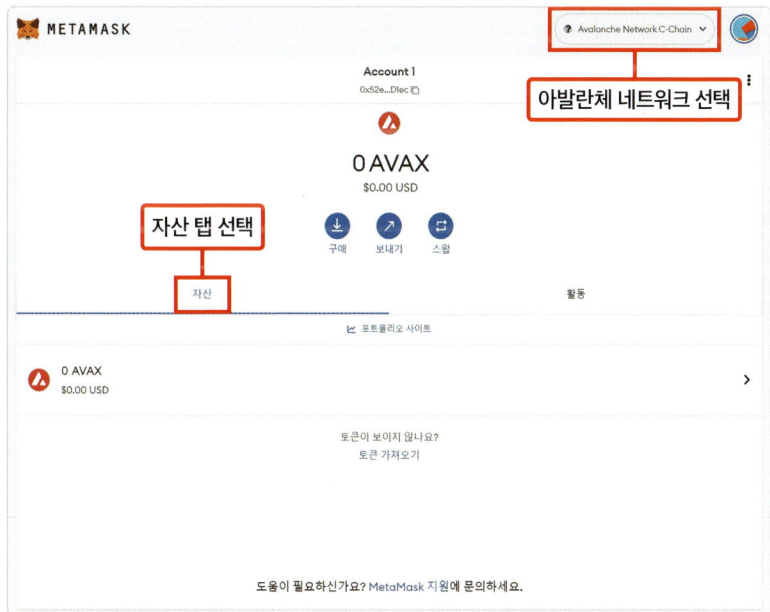

10 코인마켓캡(coinmarketcap.com/ko) 사이트에 접속합니다. 검색창에 WETH를 입력해 WETH 페이지로 들어온 다음, More을 클릭하면 네트워크별 토큰의 고유 계약주소가 나옵니다. 아발란체 체인주소를 복사합니다.

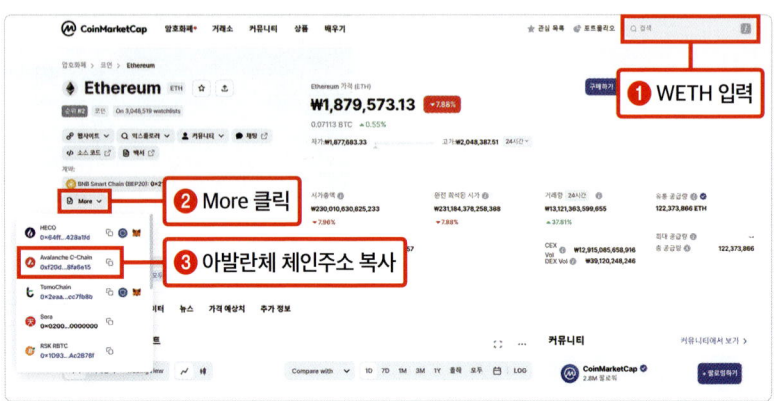

11 메타마스크로 돌아와서 토큰 가져오기를 클릭하고, 복사한 주소를 붙여넣기 합니다. 계약 주소만 넣으면 밑에 기호와 소수점은 자동으로 입력됩니다. 커스텀 토큰 추가 버튼을 클릭합니다.

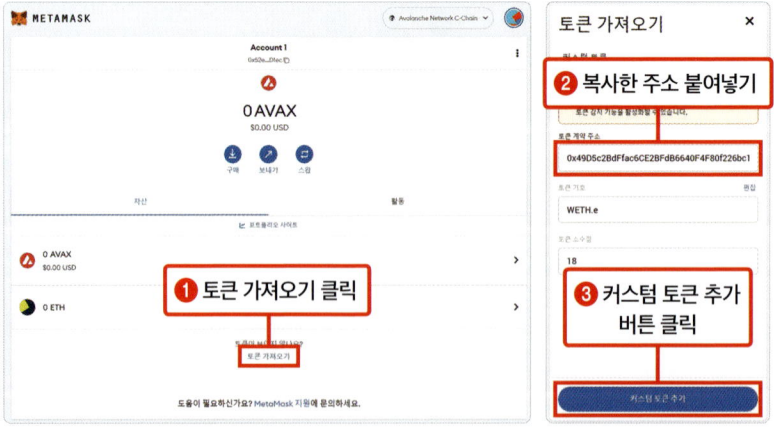

12 등록할 토큰이 나왔습니다. 토큰 가져오기를 클릭하면, 오른쪽처럼 토큰이 등록됩니다.

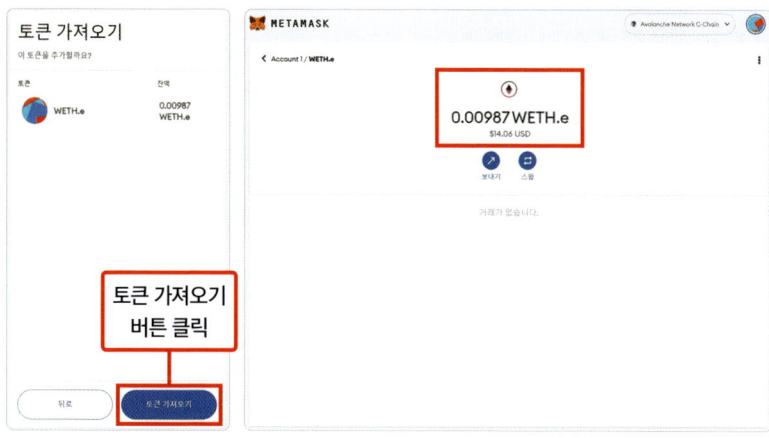

13 메타마스크 지갑 자산 탭에서 등록된 토큰을 확인할 수 있습니다.

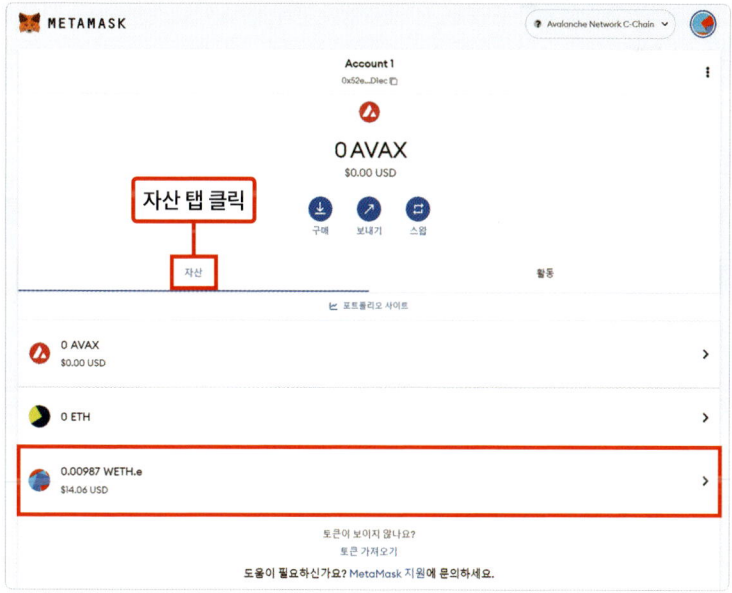

브릿지 서비스를 이용하면, 굉장히 손쉽게 네트워크 간 자산을 옮길 수 있습니다. 그런데 왜 해외 거래소를 이용하는 두 번째 방법까지 알아야 할까요?

해킹의 위험성이 있기 때문입니다. 업비트 보고서에 따르면, 2022년 크로스 체인 브릿지에서 발생한 피해액이 10억 달러가 넘는다고 합니다. 소액은 괜찮지만, 금액이 크다면 불안할 수밖에 없습니다. 따라서 디파이 투자자라면 두 가지 방법 모두 배워서 필요에 따라 활용하는 지혜가 필요합니다.

업비트에 게시된 브릿지 서비스의 단점에 대해 정리된 글입니다. 한 번 읽어보세요.

- 크로스 체인과 브릿지 ➜ vo.la/HWZH4

해외 거래소 이용하기

바이낸스 가입하기

두 번째 방법은 해외 거래소를 이용하는 것입니다. 여기서 해외 거래소란 중앙화된 주체가 운영하되, 해외에 기반을 둔 거래소를 의미합니다. 대표적인 해외 거래소로는 바이낸스, 후오비, 코인베이스 등이 있습니다.

국내 거래소에서 구매한 토큰을 특정 네트워크로 바로 송금할 수 없는 경우가 있습니다. 예를 들어, 이더리움 네트워크(Ethereum Mainnet)에서는 ERC-20이라는 기술 표준으로 만들어진 토큰만 호환이 됩니다. 반면, BSC 네트워크의 경우 BEP-20이라는 기술 표준으로 만들어진 토큰만 지원을 하죠. 이런 이유로 업비트에서 매수한 이더리움(ETH)은 BSC 네트워크로 바로 출금이 불가합니다. 비유하자면, 달러만 입금 가능한 외화 통장에 원화를 입금할 수 없는 것과 같습니다. 이럴 때는 원화를 달러로 환전한 다음 입금해야겠죠? 네트워크 간 자산을 옮기는 과정도 이와 비슷합니다. 업비트에서 해외 거래소로 자산을 옮기고, 해외 거래소에서 BSC 네트워크에서 지원하는 토큰을 매수한 다음, BSC 네트워크로 출금하면 됩니다. 해외 거래소가 네트워크 간에 중간 다리 역할을 해주는 것입니다. 다만, 어떤 토큰을 이용해 자산을 옮길 것인지에 대한 선택지가 많습니다. 이 책에서는 이더리움(ETH)을 이용해 진행 과정을 보여드리지만, 디파이에 익숙해진 다음부터는 각자 본인에게 맞는 토큰을 선택해 자산을 옮기면 됩니다.

자, 그럼 이제 해외 거래소를 이용해 네트워크 간 자산을 옮기는 과정을 알려드리겠습니다.

1 바이낸스 웹사이트(binance.com)에서 가입하기(Register)를 클릭합니다.

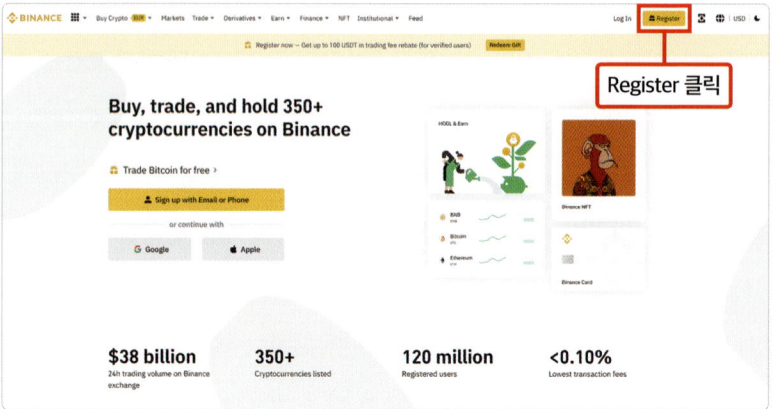

2 모바일 또는 이메일로 가입하거나 구글 또는 애플 계정으로 가입할 수 있습니다. 각자 편한 방법을 선택하면 됩니다. 책에서는 구글 계정으로 가입해 보겠습니다.

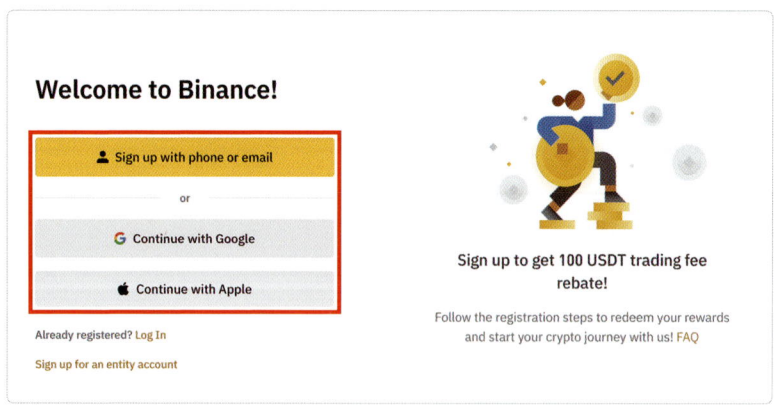

3️⃣ 구글 계정을 선택한 뒤, 확인을 누릅니다.

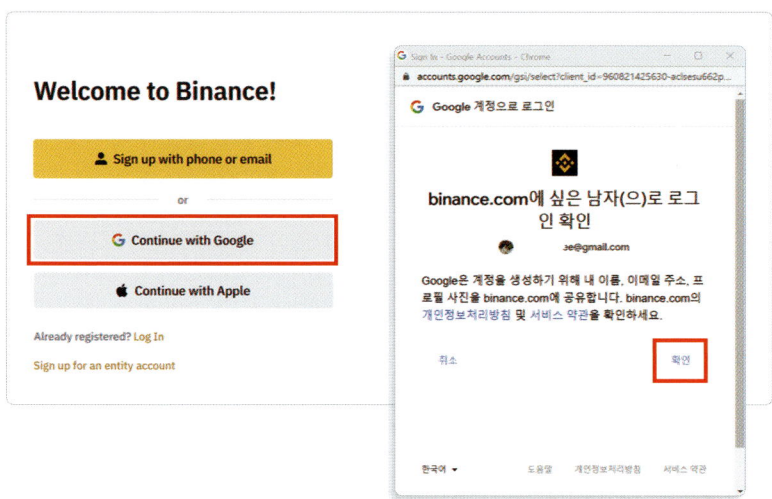

4️⃣ 동의 박스에 체크를 하고, 확인(Confirm) 버튼을 누릅니다. 그다음 인증(Verify Now) 버튼을 클릭합니다.

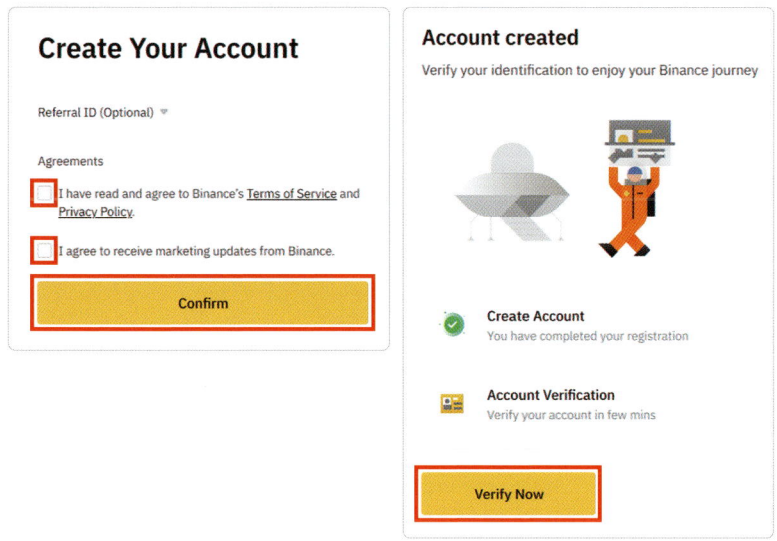

5️⃣ 인증을 시작합니다. 지금부터 여러 정보들을 입력할 건데요, 정보를 입력한 후 계속(Continue) 버튼을 눌러 다음으로 넘어가면 됩니다. 먼저, 국가를 입력합니다. 그다음 이름과 성, 생년월일 등을 적습니다. 트래블룰*로 인해 거래소 간 영문 이름, 생년월일 정보가 일치하지 않으면 출금이 되지 않습니다. 즉, 업비트 이용자라면 업비트와 바이낸스에 등록된 정보가 일치해야 합니다. 업비트에 등록된 여권 영문 이름은 마이페이지 (MY) → 개인정보 변경 → 여권 영문 이름에서 확인 가능하니 동일하게 입력해 주세요. 이름(First Name)과 성(Last Name)의 순서가 바뀌지 않게 주의하시고, 중간 이름(Middle Name)이 없는 경우 빈칸으로 두세요.

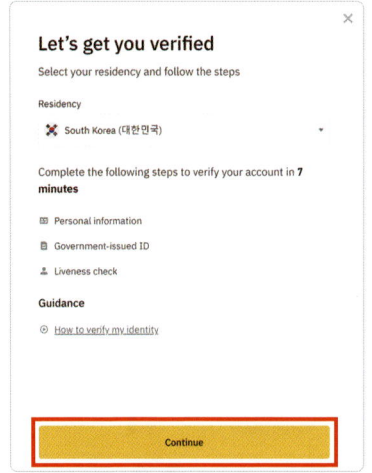 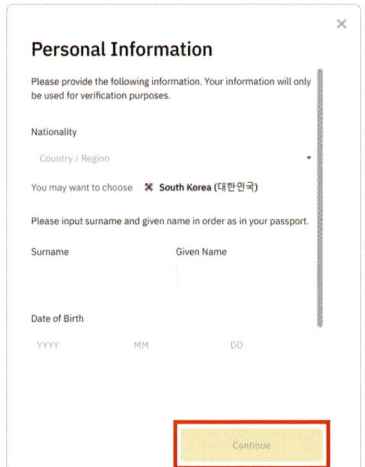

---

* 자금세탁방지를 위하여 시행되는 제도로서 디지털 자산을 주고받을 때 가상 자산 사업자(VASP)가 송수신자의 정보를 확인하는 규칙을 의미합니다. 쉽게 말해, 디지털 자산 시장의 금융실명제라고 할 수 있습니다.

6 집 주소를 적습니다. 참고로 네이버에 영문 주소라고 검색하면 국문 주소를 영문 주소로 변환해 줍니다. 신원 인증 수단(주민등록증, 여권, 운전면허증)을 선택합니다.

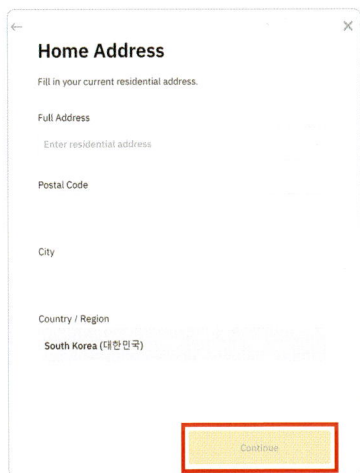
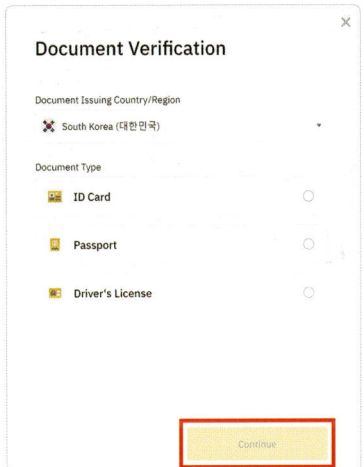

7 신분증 사진을 어떻게 찍어야 하는지 설명하는 화면입니다. 사진촬영(Take a Photo)을 누르고 카메라 접근을 허용해야 다음 단계에서 카메라가 활성화되어 사진을 찍을 수 있습니다.

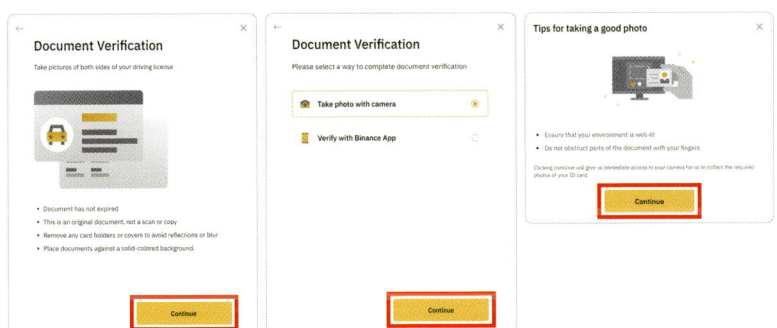

8️⃣ 네모 박스에 맞춰서 신분증 사진을 찍습니다. 앞면을 먼저 찍고 그다음 뒷면도 동일한 방법으로 찍습니다. 다 찍으면, 오른쪽과 같은 화면이 뜹니다.

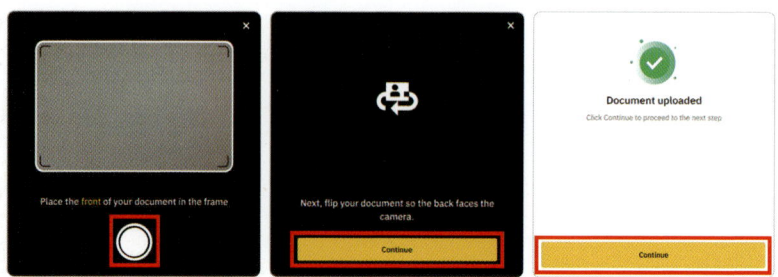

9️⃣ 이제 얼굴 사진을 찍어야 합니다. 신분증 사진과 동일한 방법으로 찍으면 됩니다. 얼굴 사진까지 찍으면 모든 과정이 끝납니다. 바이낸스에서 제출한 정보를 바탕으로 가입 여부를 검토한 후, 입력한 이메일(구글 계정)로 승인 여부를 알려줍니다.

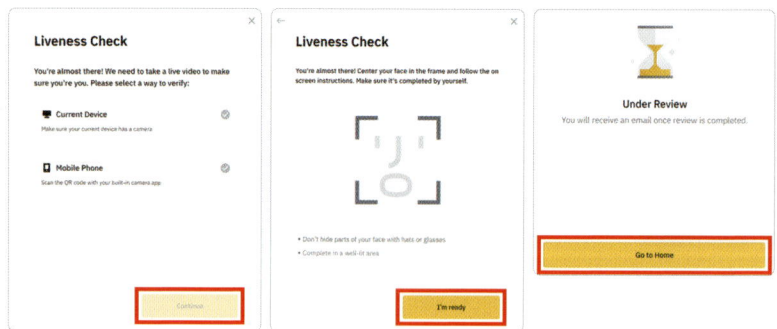

🔟 결과는 빠르면 30분, 길게는 10일까지 소요될 수 있습니다. 승인이 완료된 후 바이낸스 웹사이트 우측 상단 사람 모양에 마우스를 가져다 대면, 초록색의 인증됨(Verified) 마크가 표시됩니다.

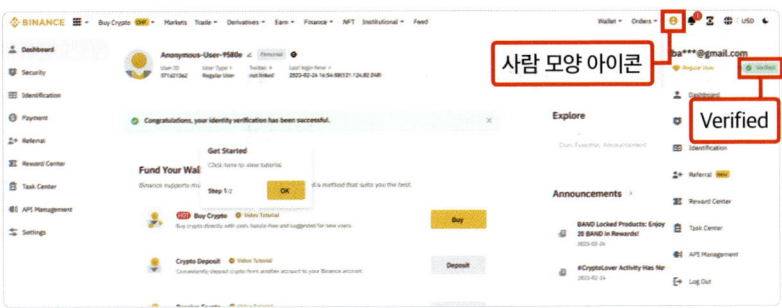

국내 거래소에서 해외 거래소로 출금하기

이제 업비트의 자산을 바이낸스 지갑으로 보내 보겠습니다. 책에서는 이더리움(ETH)을 예시로 들었지만, 다른 토큰을 선택해도 무방합니다.

1️⃣ 업비트에서 원화(KRW)로 이더리움(ETH)을 매수하고 입출금 탭에서 이더리움(ETH)을 선택합니다.

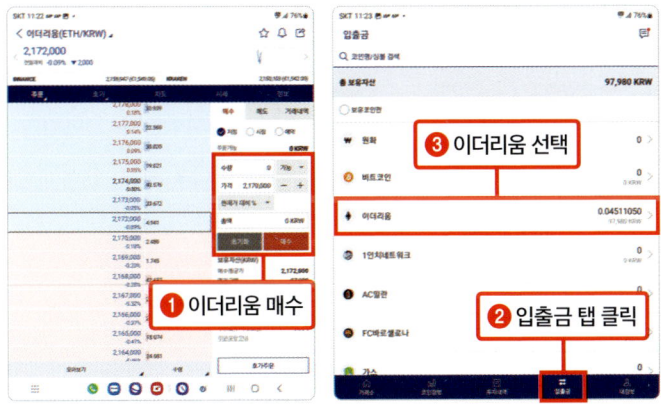

2 ETH 입출금에서 출금하기를 선택합니다. 다음 화면에서 일반출금을 선택하고, 출금 수량을 적은 후 확인 버튼을 누릅니다.

3 받는 사람 주소를 확인하기 위해 바이낸스 웹사이트에 접속해 로그인해주세요. 지갑(Wallet) → 법정화폐와 현물(Fiat and Spot)을 클릭합니

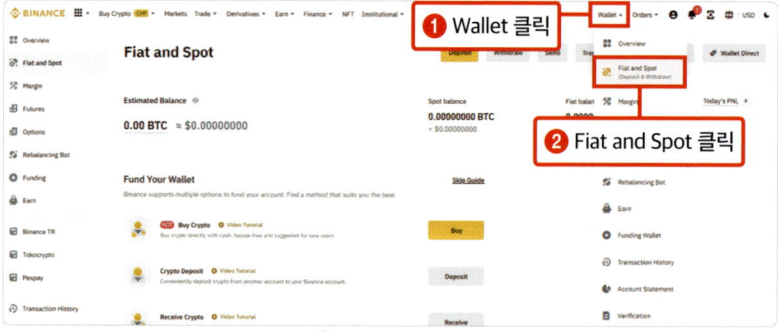

다.

4 이더리움(ETH)을 검색해 찾은 후, 입금(Deposit)을 클릭합니다.

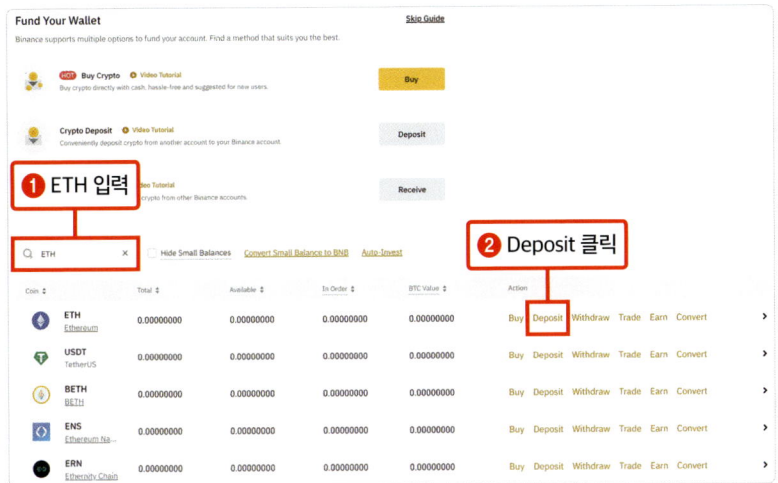

5 네트워크를 클릭하면, 오른쪽과 같은 화면이 뜹니다. 업비트에서 출금을 지원하고 있는 네트워크인 Ethereum(ERC20)을 선택해 주세요. 네트워크 선택이 잘못되면 자산을 잃을 수 있으니 반드시 주의하세요!

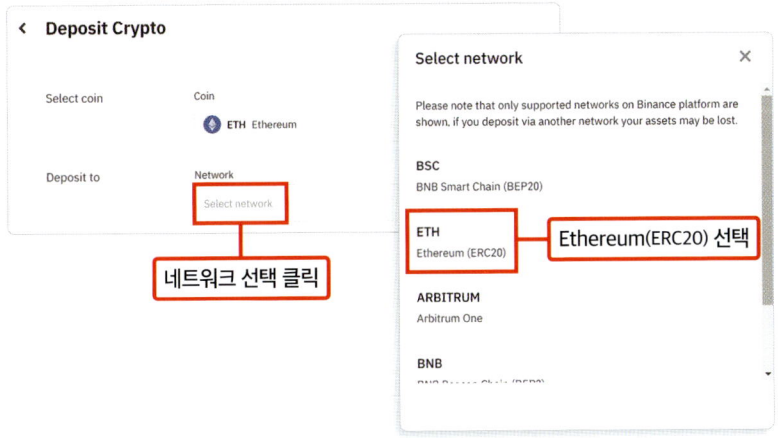

PART 6 │ 다양한 네트워크의 디앱 활용하기

6 주소(Address)가 나오면, 복사 버튼을 누릅니다.

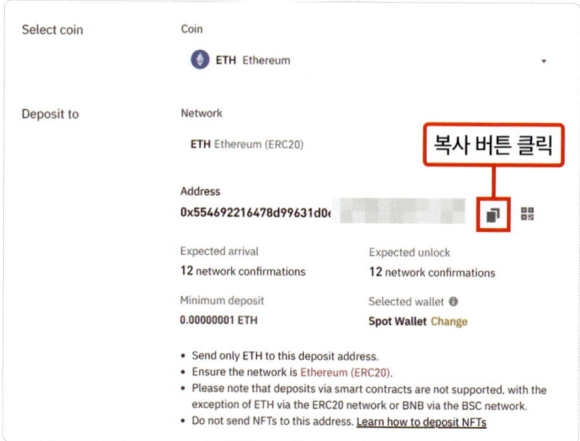

7 업비트로 돌아와 받을 사람 주소에 바이낸스에서 복사한 주소를 붙여넣기 하고, 출금 신청을 클릭합니다.

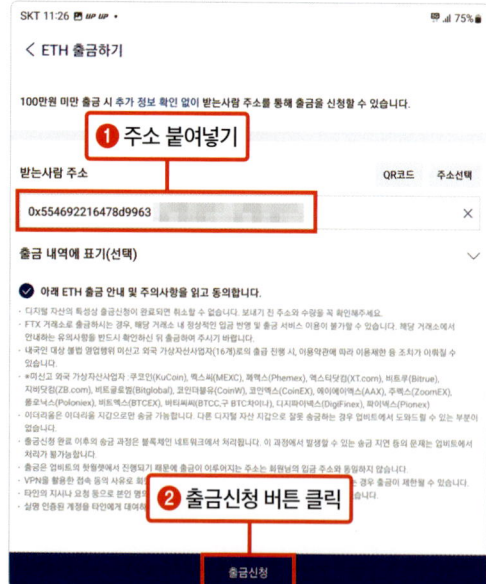

8 2채널 인증을 진행하면, 업비트에 있던 이더리움(ETH)이 바이낸스로 옮겨집니다.

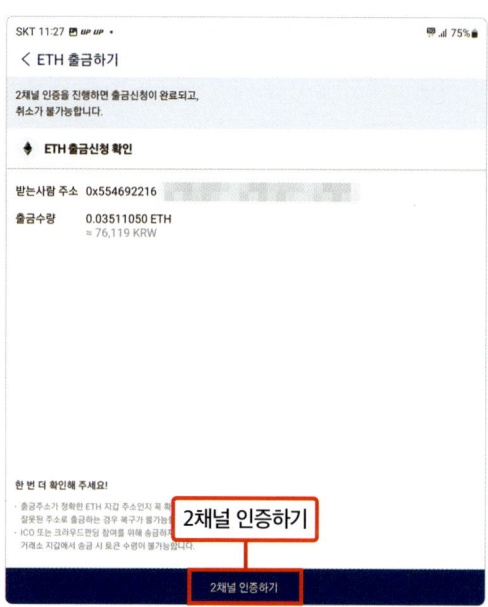

9 옮겨진 자산은 지갑(Wallet) → 법정화폐와 현물(Fiat and Spot) 또는 거래 내역(Transaction History)에서 확인할 수 있습니다.

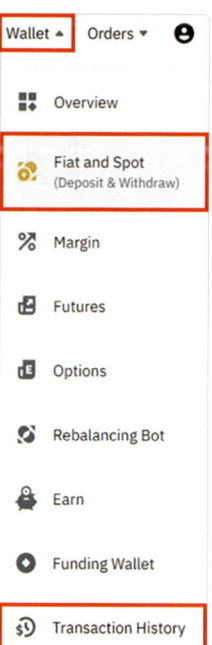

PART 6 | 다양한 네트워크의 디앱 활용하기

바이낸스에서 BNB, BUSD* 토큰 매수하기

바이낸스에서 토큰을 매매하는 방법은 크게 두 가지가 있습니다. 첫 번째는 시장가로 바로 매매하는 방법이고, 다른 하나는 가격을 보면서 지정가에 매매하는 방법입니다. 먼저, 시장가 매매부터 알아보겠습니다.

1️⃣ 상단의 거래(Trade) → 바이낸스 전환하기(Binance Convert)를 클릭합니다.

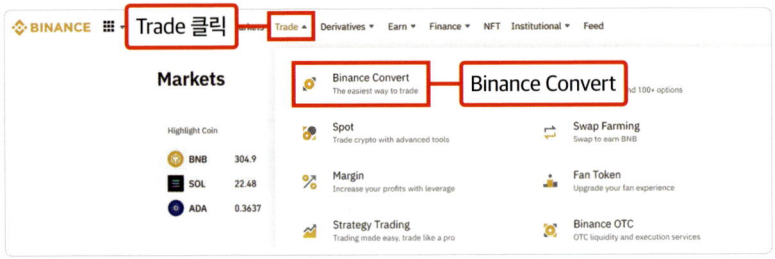

2️⃣ 매수할 금액에 해당하는 이더리움 수량을 입력하고, 매수할 코인을 선택한 후, 전환 미리 보기(Preview Conversion)를 클릭합니다.

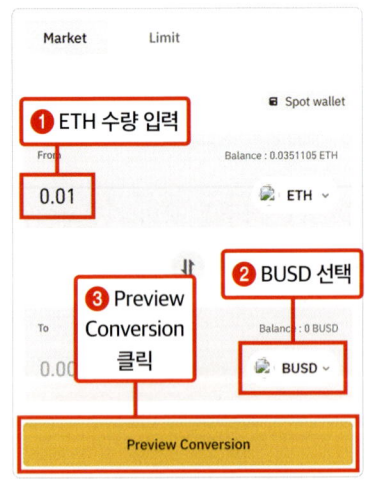

* 원고를 다 작성한 후, 스테이블 코인인 BUSD가 없어진다는 뉴스가 나왔습니다. 이처럼 디파이 세계는 변화의 속도가 매우 빠릅니다. 앞에서 설명한 DYOR이 왜 중요한지 아시겠죠?

3 세부 내용을 확인하고, 전환 버튼(Convert)을 클릭합니다. 실시간으로 시세가 변동하기 때문에 가급적 빨리 확인하는 것이 좋습니다. 전환이 성공적으로 이루어졌다는 창이 뜨면 OK 버튼을 클릭합니다. 예시에서는 BUSD 토큰을 매수했는데요, BNB 토큰도 같은 방법으로 매수하면 됩니다.

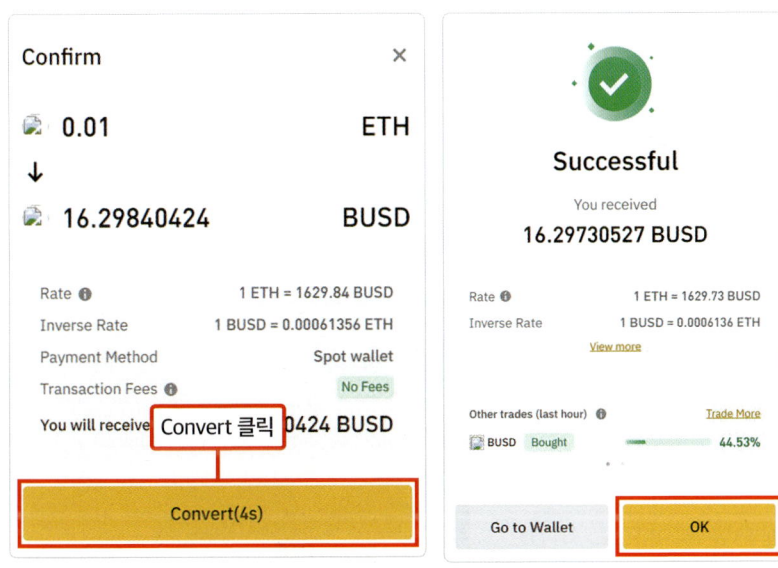

이번에는 가격을 보며 지정가에 매수하는 방법입니다. BNB 토큰을 매수해보겠습니다.

4 상단의 시장(Market)을 클릭하고, 검색창에 BNB를 입력합니다. BNB 토큰이 나오면, 거래(Trade)를 클릭합니다.

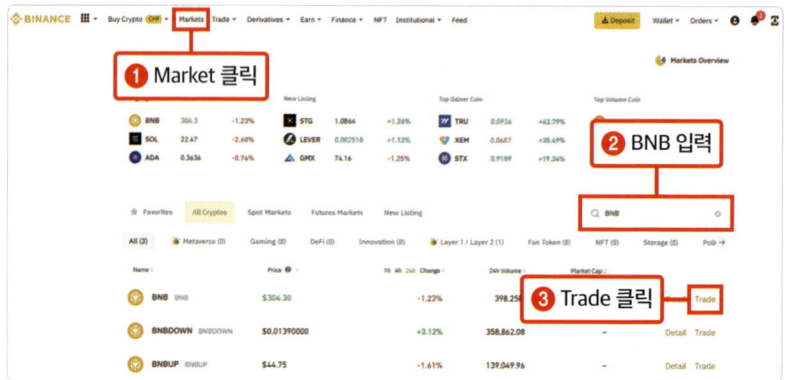

5 검은색 배경의 거래화면이 나오면, 우측 검색창에 BNB를 입력합니다. 이더리움(ETH)으로 BNB를 매수할 것이므로, BNB/ETH(3X)을 선택하세요. 참고로 3X는 3배까지 레버리지를 이용해 매수할 수 있다는 의미입니다.

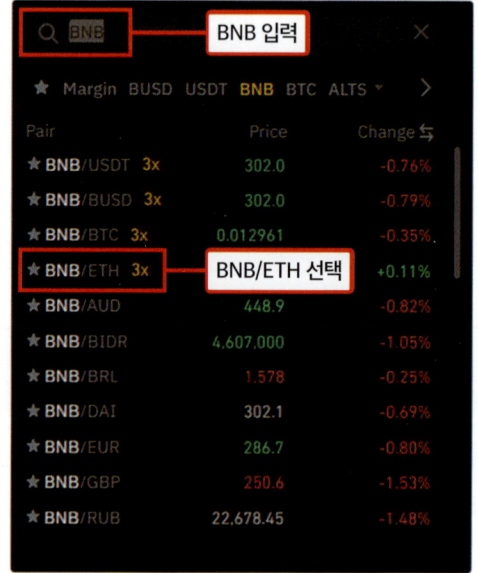

6 차트를 보며 현재 가격을 확인합니다. 가격이 0.1870이네요.

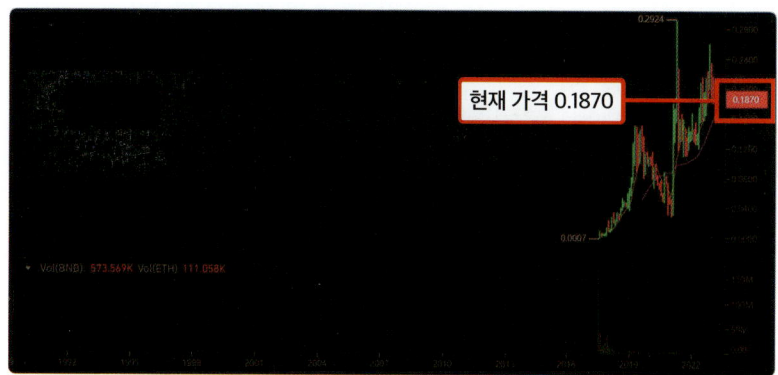

7 현재 가격(0.1870)보다 조금 낮은 가격으로 0.01 이더리움(ETH)에 상응하는 BNB를 매수해 보겠습니다. 가격은 0.1860을 적고, 가운데 다이아몬드 모양의 슬라이드 바를 오른쪽으로 움직입니다. 움직임에 따라 그 아래 Total 가격이 바뀌는데요, 0.01 ETH에 가까워지도록 조정합니다. 0.00100440 이더리움(ETH)으로 0.054 BNB 매수 주문이 가능하네요. Buy BNB 버튼을 클릭합니다.

8 하단에 Open Orders에서 주문 내역을 확인할 수 있습니다. 주문이 제대로 들어갔고, 가격이 0.1860까지 내려오면 체결이 됩니다.

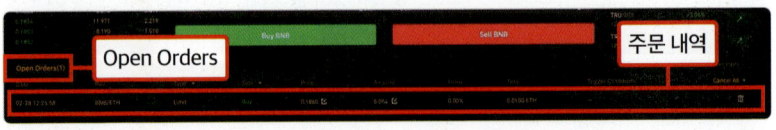

매수한 토큰을 메타마스크로 옮기기

자, 이제 바이낸스에서 매수한 BNB, BUSD 토큰을 메타마스크로 옮겨 보겠습니다.

1 우측 상단의 지갑(Wallet) → 법정화폐와 현물(Fiat and Spot)을 클릭합니다. 방금 매수한 BNB와 BUSD 토큰이 있는 걸 확인할 수 있습니다. 옮길 토큰 옆에 있는 인출(Withdraw) 버튼을 클릭합니다.

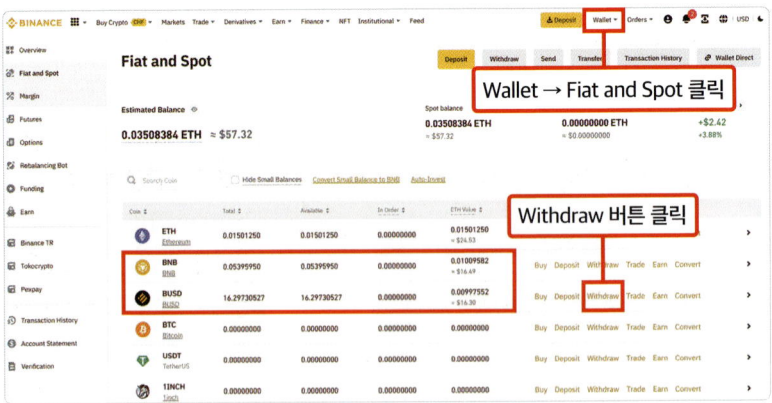

2️⃣ 처음 인출하는 분들은 아래와 같은 화면이 나올 수 있습니다. Enable Now를 클릭한 후, 전화 인증(Phone Number Verification) 또는 바이낸스/구글 인증(Binance/Google Authenticator)을 진행해주세요.

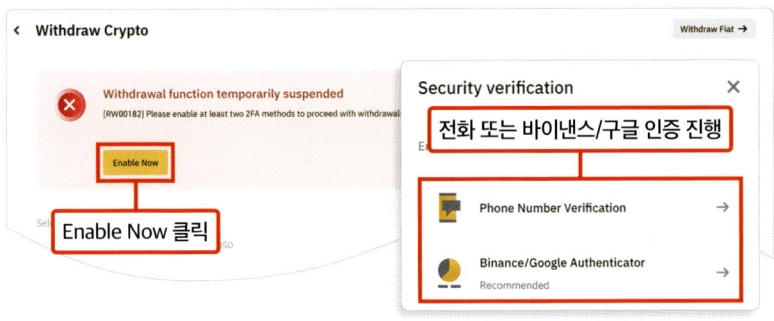

3️⃣ 인출할 코인을 선택합니다. 메타마스크에 접속하여 지갑 주소를 복사한 뒤, 주소(Address)에 붙여 넣습니다. 네트워크는 Binance Smart Chain(BEP20)을 선택합니다. BEP2와 혼동하지 않도록 주의하세요. BEP-20과 전혀 다른 네트워크입니다. 수량을 입력한 후, 인출(Withdraw) 버튼을 클릭합니다.

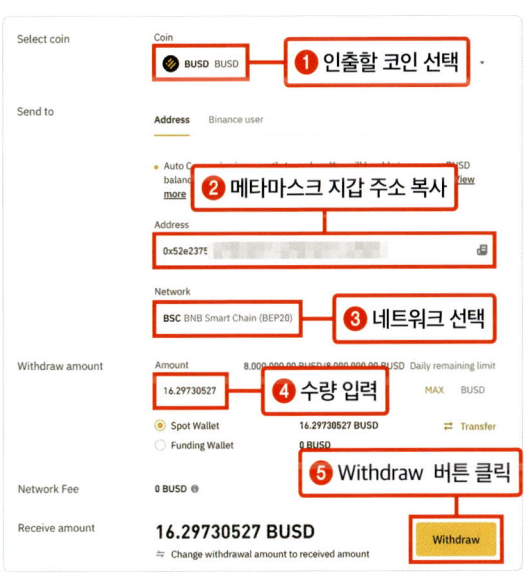

4 세부 내용을 확인하고, 계속(Continue) 버튼을 클릭합니다.

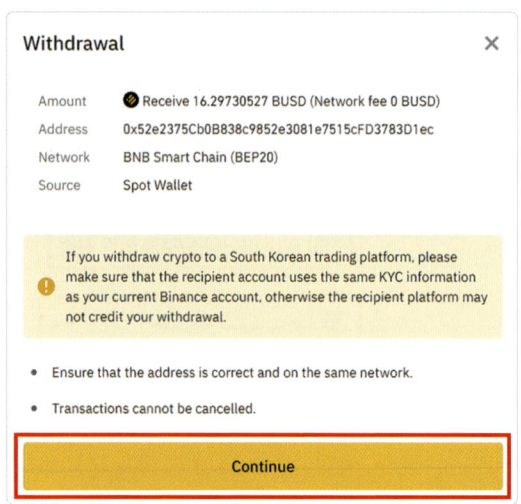

5 인출 과정 중에 아래와 같은 경고 화면이 계속해서 뜨는데요, 그 이유는 네트워크를 잘못 지정할 경우, 자산을 잃어버리게 되고 다시 찾을 수가 없기 때문입니다. 네트워크 설정을 잘 했다면 그대로 진행하면 됩니다.

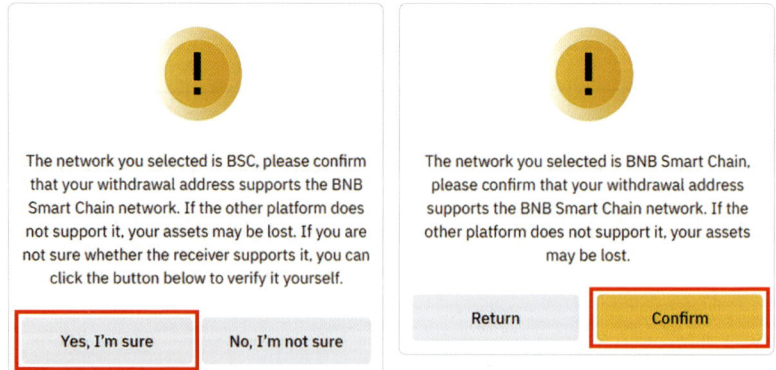

6️⃣ 메타마스크 지갑에서 네트워크를 BNB로 설정합니다.

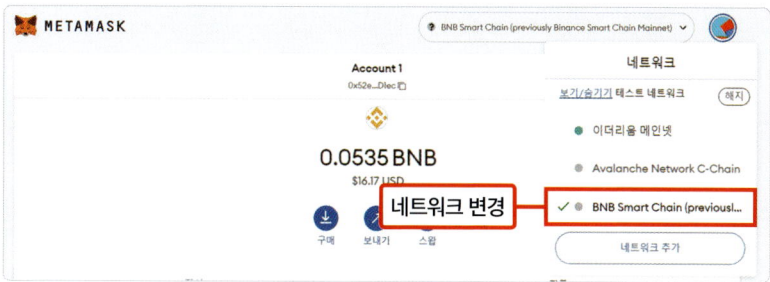

7️⃣ 그런데 자산 탭에 인출한 BUSD 토큰이 보이지 않네요. BUSD 토큰을 등록해줘야 합니다. 등록 방법은 다음과 같습니다.

8 코인마켓캡(coinmarketcap.com/ko) 사이트에 접속합니다. 검색창에 BUSD를 입력해 BUSD 페이지로 들어온 다음, More을 클릭하면 네트워크별 토큰의 고유 계약 주소가 나옵니다. BNB 체인 주소를 복사합니다.

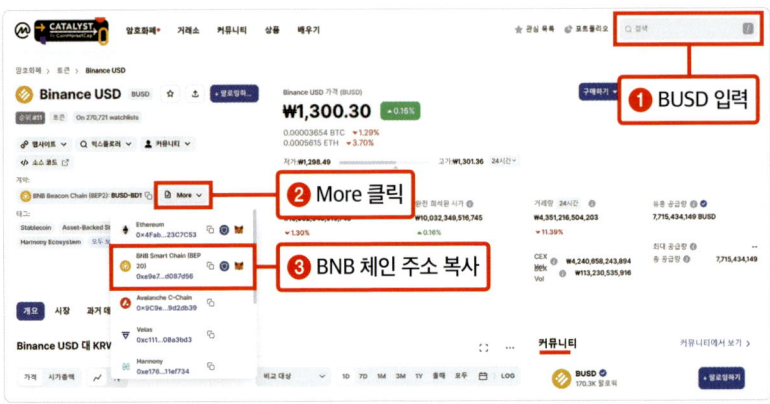

9 메타마스크로 돌아와서 토큰 가져오기를 클릭하고, 복사한 주소를 붙여넣기 합니다. 계약 주소만 넣으면 밑에 기호와 소수점은 자동으로 입력됩니다. 커스텀 토큰 추가 버튼을 클릭합니다.

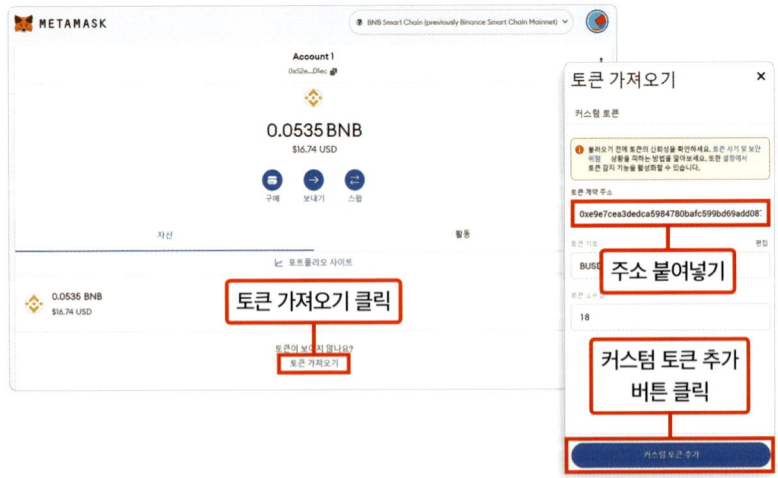

🔟 등록할 토큰이 나왔습니다. 토큰 가져오기를 클릭하면, 오른쪽처럼 토큰이 등록됩니다.

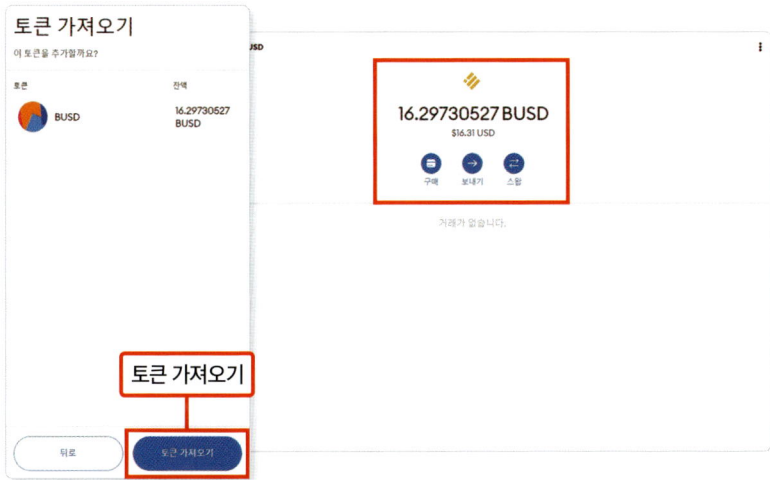

⑪ 메타마스크 지갑 자산 탭에서 등록된 토큰을 확인할 수 있습니다.

이제 메타마스크 지갑의 네트워크를 전환하고, BSC 네트워크 기반의 디앱에 접속해 지갑을 연결한 후 서비스를 이용하면 됩니다. 몇 번만 해보면, 네트워크를 넘나들며 다양한 디앱을 어렵지 않게 이용할 수 있을 거예요!

네트워크별 대표 덱스와 머니 마켓은 아래와 같습니다. 참고로 디앱을 이용할 때는 디파이라마 웹사이트에서 해당 앱의 규모를 꼭 확인하세요!

네트워크	덱스	머니마켓
이더리움 메인넷	유니스왑(uniswap.org), 커브 파이낸스(curve.fi)	아베(aave.com)
바이낸스스마트체인(BSC)	팬케이크스왑 (pancakeswap.finance)	비너스(venus.io)
트론	소셜스왑(socialswap.io)	저스트렌드 (portal.justlend.org)
폴리곤	퀵스왑(quickswap.exchange)	아베(aave.com)*
아발란체	트레이더조(traderjoexyz.com)	벤키(benqi.fi)

---

* 여러 네트워크에서 디앱 서비스를 운영할 수 있습니다. 예를 들어, 머니 마켓 아베(Aave)는 이더리움 네트워크 외에도 아발란체, 폴리곤 등 총 7개 네트워크에서 운영을 하고 있습니다.(23년 4월 기준)

상황별 투자 전략 총정리*

코인 가격이 상승할 것으로 예상

1. 중앙화된 거래소(ex. 업비트)에서 코인 매수

2. 탈 중앙화 거래소(ex. 유니스왑)에서 코인 매수

3. 아베에 코인 예치 : 시세 차익 + 이자 수익

4. 공격적인 투자자라면,

   (1) 3X 매수 : 바이낸스와 같은 해외 거래소에서 시세의 3배를 추종하는 3X 상품을 매수하여 레버리지 극대화

   (2) 대출을 이용한 레버리지 : 대표적인 머니 마켓인 아베에서 대출을 일으켜 원금보다 더 큰 금액을 투자.

---

* 투자에 대한 책임은 온전히 투자자 본인에게 있습니다. 항상 DYOR을 잊지 마세요!

코인 가격이 하락할 것으로 예상

1. 숏 포지션 생성 : 바이낸스와 같은 해외 거래소에서 가격 하락에 베팅하는 숏(공매도) 포지션 생성
2. 대출을 활용한 공매도 : 대표적인 머니 마켓인 아베에서 코인을 대출받아 매도한 후, 가격이 하락할 때 다시 매수해서 대출 상환.

코인 가격이 보합(횡보) 할 것으로 예상

1. 유니스왑에 유동성 공급 → 수수료 수익
2. 아베에 코인 예치 → 이자 수익

달러 가격(환율)이 상승할 것으로 예상

1. 주식 시장에서 달러 가격을 추종하는 ETF 매수. 공격적인 투자자라면, 레버리지 ETF 매수.
2. 은행에서 달러 예금* 가입 → 환 차익 + 은행 이자
3. 달러와 가격이 연동된 스테이블 코인을 매수한 후, 이 코인을 머니 마켓에 예치 → 환 차익 + 이자 수익.
4. 미국 주식 투자** → 환 차익 + 시세 차익

---

* 원화로 입금하면 달러로 예금이 쌓입니다. 즉, 달러를 사 모으는 효과가 있습니다. 통장의 달러는 해지 시 다시 원화로 환전되어 돌려받습니다.

**미국 주식은 원화를 달러로 환전한 다음 투자해야 합니다. 주식 가격이 오르지 않아도 달러 가격이 상승하면 달러를 다시 원화로 바꾸는 과정에서 환 차익을 얻을 수 있습니다.

달러 가격이 하락할 것으로 예상

1. 주식시장에서 달러 가격을 역 추종하는 인버스 ETF 매수. 공격적인 투자자라면, 2X 인버스 ETF 매수.

금리가 하락할 것으로 예상

1. 채권 직접 투자(개별 채권) or 주식 시장에서 채권 ETF 매수*. 공격적인 투자자라면 레버리지 ETF 매수.

금리가 상승할 것으로 예상

1. 은행 예/적금 가입
2. 주식 시장에서 채권 인버스 ETF 매수. 공격적인 투자자라면 2X, 3X ETF 매수.

---

* 금리와 채권 가격은 역으로 움직입니다. 금리가 상승하면 채권 가격이 하락하고, 금리가 하락하면 채권 가격이 상승합니다.

먼저, 이 책을 끝까지 읽어주신 독자 여러분과 유튜브 채널 [돈또기] 구독자분께 진심 어린 감사 인사를 드립니다. 낯선 용어와 개념을 이해하는 것은 쉽지 않은 일입니다. 저 역시 혼자였다면 이만큼 공부하고 정리하긴 어려웠을 것입니다. 함께 하고 있다는 생각에 항상 큰 힘을 얻습니다.

디파이 관련 영상도 찍고 책까지 쓰니, 금융 전문가처럼 보일지도 모르겠습니다. 하지만 디파이를 알기 전까지는 저는 오히려 무식해서 용감한 사람에 가까웠습니다.

2017년, 처음 직장 생활을 시작했습니다. 투자에 대해 아무것도 모르는 사회 초년생에게 선배들은 해주고 싶은 말이 많았나 봅니다.

"청약 통장은 꼭 만들어야 돼"
"월급 모아서 아마존 주식을 사 모아"
"젊을 때는 공격적으로 투자해도 돼"

그때는 회사에 적응하는데도 버거웠던 때라 투자 공부는 늘 뒷전이었습니다. 아무것도 모른 채 성과급이 나오는 달에 아마존 주식을 산 게 제 첫 금융 투자였죠. 2020년, 코로나19가 터지면서 주식 가격이 그야말로 폭락을 합니다. 그런데 위기에 대응하기 위해 각국 정부가 돈을 풀자 주식이 다시 급등했습니다. 이렇게 거시 경제 상황이 시장에 영향을 미치는 것을 보면서 경제에 큰 관심이 생겼습니다. 그리고 마침 그 타이밍에 디파이라는 새로운 금융 시스템을 접했습니다. 지금 생각해도 디파이를 알게 된 건 큰 행운이었습니다. 디파이 투자로 수익이 난 것도 있지만, 디파이를 통해 자본주의를 배울 수 있었기 때문입니다.

디파이 세계의 다양한 네트워크에서 여러 금융 서비스를 탐색하면서 그동안 너무 커서 잘 보이지 않던 자본주의 시스템이 어떻게 돌아가는지를 이해할 수 있었습니다. 이더리움(ETH)의 가격은 기술 혁신보다 미국 연방준비제도의 금리 결정에 더 큰 영향을 받았습니다. 화폐(코인)의 발행 과정은 인플레이션을 이해하는 계기가 되었죠. 주식이나 부동산에 비해 경제 사이클이 짧은 디파이를 통해 개념적으로만 알고 있던 거시 경제 환경이 시장에 미치는 영향을 몸소 체험할 수 있었습니다.

이 경험 덕분에 저는 암호화폐, 디파이 뿐 아니라 다양한 투자 자산들을 거시 경제 사이클에 따라 내가 고를 수 있는 하나의 선택지라고 이해할 수 있게 되었습니다. [디파이 투자, 지금은 공부가 필요합니다] 책이 독자 여러분들의 투자 선택지를 넓히는 데에도 도움이 되었 길 바랍니다.

디파이 투자
지금은 공부가 필요합니다

초판 1쇄 발행 2023년 6월 26일

지은이 돈또기
펴낸곳 티더블유아이지(주)
펴낸이 자몽

기획총괄 신슬아
편집 자몽, 김현지
디자인 윤지은
일러스트 나밍
마케팅 자몽

출판등록 제 300-2016-34호
주소 서울특별시 종로구 새문안로3길 36, 1139호 (내수동, 용비어천가)
이메일 twigbackme@gmail.com

ⓒ 돈또기, 2023, Printed in Korea
ISBN 979-11-91590-18-0 (03320)

* 잘못된 책은 구입하신 곳에서 바꾸어 드립니다.
　이 책의 전부 또는 일부 내용을 재사용하려면 사전에 저작권자와 펴낸곳의 동의를 받아야 합니다.
* 본 도서는 저작권의 보호를 받습니다. 무단 전재와 복제를 금지합니다.